ババアはツラいよ！

55歳からの「人生エベレスト期」サバイバルBOOK

地曳いく子
槇村さとる

集英社文庫

C o n t e n t s

PART1

HOW TO LIVE

55歳、
最大の危機がやってきた！

PART 2

HOW TO LOVE

55歳からリセット!?
パートナーとの関係どうする

PART 3

HOW TO WEAR

おしゃれのために
「あきらめたもの」「得たもの」

ババアはツラいよ！

55歳からの「人生エベレスト期」サバイバルＢＯＯＫ

イントロコミック

そして危機がやってきた いく子の場合

舟和の芋ようかん
更年期のあと膝のお皿が割れたところまで知ってたよね
うん。つえ持って来たよね
あれは治ったの
でも何もしない旦那に愛想が尽きて
ウツにハマってもう
気力がわかない脚は痛い外出したくない
はあ〜
あれま

もう
この世に
未練はない
やりたいコトは
みんな
やっちゃったもん
あとは
オーロラ
見たら
いいわ…
まあ
まあ
いく子らしい
……
私とは逆ね
まあ
やりたい仕事
やってたけどね
私は55歳で
バッタリ倒れ
てから
やっと！
やりたいコトしか
やらないって
決めたの
それは
なーに？
今まで
不自由に
あつかってきた
自分の女性性を
解放します
女を楽しむ！
ガハハハ

自分の女性性には何の不思議も感じたことはないし安定した自信があるんだけど
DV&セクハラの父親のせいで男性全体を深く憎みつづけてこじれたの
仕事依存もはげしかったし男前な性格もあいまって……
表面的社会的に女らしくするのは嫌だったの
ほぼワークかミリタリーかロックを着てた
私は性別は女で気性がロック……
周りの人はだれも「自立」とか「働け」とか言わなかったけれど…
運よくこの業界に受け入れられてなんだか自立ず～っと自立
考えてみると……

あっそうだ!
富豪に
嫁ぎたいわ〰〰
男性に
甘えた〜い
いける!
いく子
つくすタイプだもん
え
そうなの?
そーよ今時
かつおぶしで
出汁ひいて
卵焼く女
いる?
そーなんだ
自分は
どんな人間で
カタ
どこへ
行くのか?
は……

行くよ
え
ABBA
アドバンストババア
「ポーの一族」エドガー風→
新しい
ババアの世界へ！

PART 1

HOW TO LIVE

55歳、

最大の危機がやってきた！

五十五歳は人生の「エベレスト」

実は二〇一七年の年末、五十八歳の私はものすごく疲れて、化粧をして出かけることはおろか、掃除をするのもイヤになったんです。何かしたいという欲がまったくなくなっちゃった。そこで、信頼している「神」指圧の先生を久しぶりに訪ねると「これじゃ掃除すらできないよね。どこもかしこもガタガタ」との診断。本来は毎日通ってはいけないのですが、先生の指示で一週間通って、なんとか立ち直りました。

振り返ってみると、このものすごい疲れの前兆は、五十五歳ぐらいから始まっていました。根性でなんとかなるレベルを超えた、大きな山がきていたんです。

いわば人生のエベレスト期。

処方された女性ホルモンジェルを塗っても、ホルモンまだ足りず？　体じゅうがカサカサしている感じだし、老眼も進むし、それまでできたことが少しずつできなくなっていたんです。薬瓶の文字が読めなくなり、ハイヒールを一時間くらいしか履けなくなり、手の指が脂不足でいくらこすってもスマホの画面が反応しなくなったり……(笑)。

いま考えてみると、五十歳なんて、全然ラクでしたね。五十二歳でもまだまだ。五十五歳になると、肉体的なことだけでなく、精神的にもダメージがきます。なぜか悲観的になったり、急に躁状態になったりと、感情の起伏が激しくエキセントリックにもなります。人に迷惑をかけないようにと、外出好きだったのが苦手になり、家にこもりがちになることも。

思春期ならぬ「思秋期」ですね。冬の一歩手前。

そんなふうに考えると、五十五歳は、女性の新厄年といえるかもしれません。

昭和の頃は五十五歳定年が一般的でしたから、あながち間違ってはいなかったのかも。とはいえ、日本人の平均寿命は年々延びていて、女性は八十七歳を超えています。五十五歳で引退するのはちょっと早すぎますよね。現役バリバリです。いまや百歳を超える長生きはもう普通のことなんです。

いまは、女性の二人に一人が五十歳以上だといわれています。

そうなれば、私たちは、マジョリティ（大多数）。

落ち込んでいる場合じゃありません。人生でもっとも険しいエベレストの頂点をうまく攻略して、遭難することなく、転ぶことなく、上手に下山したいものです。

ここで肝心なことは、いま、あなたがエベレスト期に差しかかっていると知ること。

知ってさえいれば、もうこわいものはありません。あとするべきことは、これからご紹介する、さとるといく子のサバイバル術の実践のみ。

私たちと一緒に乗り切りましょうね。

おしゃれ以前に考えなきゃいけないこと

かつておしゃれが楽しい期間はせいぜい十代〜二十代と短いものでした。それが、三十代～四十代までとなり、今や六十代～七十代まで後ろ倒しに！　体には更年期がやってくるのにおしゃれはいつまでも現役なのです。たとえエベレスト期だって、おしゃれに乗り切りたい！

もちろんです。

なぜなら、私たち、かっこいいババアになりたいですもんね。

でも、ちょっと待ってください。

おしゃれ以前に考えなきゃいけないことがあるんです。

エベレスト期は、もはや、おしゃれテクニックだけでは乗り切れません。体や心の問題も一緒にクリアしていく必要があります。どうやって生きるか、どうやって自分を愛するか。ちょっと立ち止まって、新しい考え方にシフトしていきましょう。そうすれば、サクサク山越えできると思うんです。

そんなわけで、この本は、HOW TO LIVE（&SURVIVAL）、つまり、生き方のサバイバル術から始まっています。

エベレスト期はグレーゾーン

バスや電車で、席を譲るべきかどうか悩んだこと、ありませんか？　相手と自分の年齢が微妙に近いかもと思うときです。

こちらが二十代〜三十代で溌剌とした女性なら、相手も「このお嬢さん、若いからいいかな」と考えて、遠慮なく座ってくれるはずですよね。でも、エベレスト期になった私たちが声を掛けると、「あれ、そんなに変わらない年では？」と、相手にかえって気を遣わせてしまうかもしれません。

いままでの基準というか固定観念からすると、エベレスト期は微妙にうすら若く見えるからツライ。私たちは、昔の基準でいえば『サザエさん』のフネより年齢的には年寄りなはずなのに（笑）。これって、いまや私のトークショーの定番ネタになっていますけどね。席を譲るほうも譲られるほうも、相手の年齢の判断がつかないし。見るからにご高齢で譲るのは当たり前という方が相手なら、なんの問題もないんですけど。

結局、エベレスト期はグレーゾーンにいるんです。白黒はっきりしない。

ただ、限りなく黒に近いグレーゾーンということは確かです。

このことを、自覚しておいてくださいね。

年齢とメモリー容量は反比例！

「いらないものを捨ててすっきりしたぁ」

クロゼットの中を思いきり整理して、「もうこれで安心」と思っていませんか？

甘い！　私たちのメモリー容量は年々残り少なくなります。

まるで古いガラケー。すぐにいっぱいになってしまうんです。洋服も靴も、何を持っているのか、覚えていられる量には限りがあります。だから新しいものが欲しいと思ったら、また整理して古いものを捨てる必要があるんです。メモリーがオーバーしないように。

いわゆる断捨離は一回で済んだと思うなんて、甘い、甘い。

ついこの前のこと。気に入ったニットを購入しました。ところが、気づいたら同じ型・同じ色のニットが三枚も。大人買いじゃないんです。毎回新たな気持ちで「あら、かわいいじゃない」と買っていたんです（笑）。仕方なく一枚は若い友人に進呈しました。

調味料ひとつとっても、いつもチェックしていないと、また同じものを買っちゃう。私はオリーブオイルが好きで、切らさないようにしているのですが……。先日整理したら、なんと四本も出てきちゃった。切れちゃってると思って次々買っていたわけです（笑）。もう、あと半年はオリーブオイル購入禁止です。

メモリーはすぐにいっぱいになります。あなたも気をつけてね。

なんとかしたい
しまった
こんなのも
持ってた
忘れてた！
更衣のたびに
おこる事件
なんで
2冊あるのか
モンダイとか
……
あれ
あれ？
今、
欲しい!!と
思った本が
どうしてもう
ここにあるのか?!
モンダイ
だんだん
クローゼットや
本棚が
人のもののように
見えてくる恐怖
メモリ容量不足
1KB
……
もう済んでしまった
いらない世界は
ガンガン断捨離して
かけがえのない
大事な時空を
増量・強化する

負け犬でけっこう。七十％勝てれば上々です

私は自分を基本負け犬だと思っています（笑）。

でも、ポジティブな意味でね。

年をとるということは、いろいろ勝てなくなっちゃうということなんです。ファッションも、体力も、恋愛も。パーフェクトを目指していけるのは四十代まで。**エベレスト期の私たちは、全体的に七十％くらい勝っていれば、もう十分なんです。**負け犬でけっこう。負け犬と呼んで（笑）。

体のことでいえば、私はすでに歯が三本インプラント。まさか自分が歯を抜くハメになろうとはと、考えるたびに落ち込んでいたんです。でも、友人に話すと、「私は白内障の手術をしたわ」「私は眼瞼下垂の手術」と、みんな多かれ少なかれ何か体に不具合があるといいます。なんだ、インプラントはすごく悪いことでもなくて、普通

に起きることなんだと、情報交換してみてホッとしました。

とはいえ、あまりの負けっぷりに自分で耐えられないときってありますよね？ そんなとき、私は、ダメダメな自分と正反対のことをやって、気分を変えます。

たとえば……。

1 友人と食事をする――これは情報交換にも役立ちます。
2 人を自宅に招待する――そうすると掃除もしなくちゃいけないし（笑）。
3 とりあえずメイクをする――私はダメなとき、メイクもしなくなるんです。面倒で。インスタグラムで見た山本浩未（やまもとひろみ）さんの赤いリップが素敵だったので、このごろときどきまねしています。気分が引き締まるので、眉もきちんと描きます。
4 ゆっくり風呂に入る――入浴剤は金に糸目をつけません（笑）。
5 バカな映画をひとりで観（み）に行く――で、ビールを飲みながら観賞します。
6 どんなに行く気が失（う）せてもヨガに行く――帰りにはスッキリ。

7 香りにこだわる――SHIGETAのアロマエッセンスを大奮発。無印良品のポータブルなアロマディフューザーを持ち歩き、いつでもどこでも楽しめるようにしています。

8 窓を開けて空気を入れ換える。ベランダに出て深呼吸する。

9 買ったまま放っておいた玄関の神棚の恵比須様に、朝晩手を合わせる（笑）。

10 メダカを飼って愛でる――忙しい友人の間で大ブーム。

気分転換の方法は人それぞれだと思います。自分に合った方法を試してみてください。

ジキルとハイドな私たち

「なになに、ジキルとハイドって」と思ったあなた。

あなたのことです（笑）。

たとえば普段は子どもを愛するよき母だったり、部下に好かれる優れた上司だったりしても、ひとたび好きなバンドのライブに行けば、バンドTシャツを着て思いっきり頭を振り回しているとか。あるいは懐かしのディスコサウンドで踊りまくるとか。

程度には個人差があると思いますが、二つの顔を持つということです。

この二面性が、実は、エベレスト期の特徴かもしれないんです。

どういうことかというと……。

私たちの母親世代には、それなりに、成熟した大人の文化というものがありました。お茶にお花に、歌舞伎観賞。おせち料理作りもそうですよね。エベレスト期もそういうことをある程度やっている人が多いんです。

でも、だからどうしたって感じですよね。それだけでは、私たちは満足できないんです。かつて大人たちから「これは若者のものだ」と思われていた、ファッションとか音楽とか習慣を、私たちはいまだにやめられない。あるいは、リスタートしちゃった。

だって、考えてもみてください。

ティーンエイジャーのころに観た『スター・ウォーズ』第一作のルーク・スカイウォーカーが、エピソード8ではおじいさんになって、まだ登場しているんですよ。ローリング・ストーンズだって、七十歳をとうに超えたミック・ジャガーがいまだにステージの端から端まで走って歌ってるんです。

観るほうだって、やめられませんよね。

結局、私たちの中には、母たちの時代から引き継いだ古い考え方と、いまの考え方を受け入れられる部分が共存しているんです。服装も趣味も二つに分かれているという人も多いんじゃないかと思います。

それが悪いかって？

いえいえ、そんなことはありません。

むしろ、開き直って、二人のあなたと一緒に生きればいいと思います。

エベレスト期に入ったら、もういろいろ難しいことは考えなくていいんです。グレーゾーン世代で、白黒はっきりしないわけだし、ジキルだったりハイドだったりしても、誰も気にしません。

なにしろエベレストは険しい山です。王道はありません。自分のペースで一歩一歩進んでいくよりほかに、道はないんですから。

ババアと呼んでくれて、ありがとう(^_^)

私が生まれ育った築地では、「あのババアがさ」と言うときは、普通、リスペクトを込めていました。「ババア、小うるさい」と言いながら「あぁあ、ババアの言うとおりにしていたら、こうはならなかったよね」とか、「ババア、煮ものうまいんだよね」とか。

下町だから口が悪いのかもしれないけれど、**ババアになるっていうことは、失うものもあるけど、得るものもあるということでした。**昔のほうが、みんな、ババアの存在の素敵さというか、すごさを知っていた気がします。

ところが、いまは「ババア」といえば、悪い意味で使われることが多いですよね。ババアが否定されすぎているんじゃないかと思います。誰でもいつかはババアになるし、ジジイになるのにね。

年を重ねたぶんだけ、本当はいいことがあるんです。ババアになっちゃいけないなんて、誰が言ったんですかね。ババアになっていいんです。

「ババア」と呼ばれたら、ありがとうと言いましょう。

二度と来ない今日1日を楽しんでいる人が
これから花火大会友達のうち
良いババアなのでは？
伝説のフラメンコダンサーラ・4ャナ
アルゼンチンタンゴの女王マリア・ニエベス
Cool
Sweet
どちらでも

捨てワザを使って「新しい自分」に出会う

〈草笛光子さんに学べ・その1〉

女優の草笛光子さん、憧れます。素敵な写真集を出していて、そのパワーと美しさに元気づけられた人も多いのではないでしょうか。

夏木マリさんを目指していた私たちですが、その向こうに、もっと大きな山があったんですね。須弥山（仏教の世界説で、世界の中心にそびえ立つという高山）のような、パーッと霧が晴れたらそこに美しくそびえ立つ山があった（笑）。

草笛さんというと、以前は、なんとなく良妻賢母的な役の印象がありました。洋館の居間に艶然と微笑んで座り、ダンナさまと高級フランスワインに舌鼓を打つ……。

でも、本当は、もっとずっとモダンなライフスタイルで、カリフォルニアやニュージーランドのワインとか、スクリューキャップのワインとかも平気で飲める感じの方だったんですね。隣にダンナさまが座っているのはもう想像できない（笑）。

しかも、八十代も半ばで、依然として「女」なんです。ダンナの存在を感じさせないフリーな雰囲気で、若いボーイフレンドとかがいそうな。そこがいちばんすごいところです。なかにはオジサン化してしまう人もいるのにね。八十代になると。

草笛光子さんは、何かを捨てて、脱皮したのかもしれません。そしてもう一回「女」になった。私たちも、ああだこうだと悩むよりも、いっそ悩みの対象をきれいさっぱり捨てて、新たな何かになる勇気を持ってみよう！（笑）

捨ててこそ、新しい自分が見つかるんです。きっと。

我妻（あづま）マリさん（七〇～八〇年代にかけて活躍したパリ・コレのカリスマモデル）も話題ですよね。二〇一七年にはモデル活動五十周年を記念して『ヴォーグ ジャパン』でも特集されていました。その撮影のときの話を、ご本人にうかがう機会があったんです。

我妻マリさんは、撮影で体をガンガン動かしてみたらできちゃったので、「私、まだできるわ。まだまだ表現したい」と思ったそう。で、田舎に移住して陶芸の里を守ったりしていたのに、表現者として新たなスタートを切った。そこからあらためて人生が転がり出したんです。いまや化粧品のイメージキャラクターなど、各方面でご活躍ですよね。

そして、とにかくすごくかっこいい！

我妻マリさんも、きっと何かを捨てたんだと思います。再起動するために。

素敵な先輩たちは、見事な捨てワザを使って、新しい「自分」に出会いました。私たちも、身近なところから、捨てワザを使っていきましょう。具合の悪くなる場所へはもう行かない、好きでもない展覧会や女子会にも行かないなど、ちょっとしたことで新しいものが入るスペースが空くのですから。

あなたは、あなたが思ったとおりに老けます

うわ、なんだか呪文みたいでコワいですね。

でも、本当のことなんです。

人って、イメージしたものになれるっていうじゃないですか。だから、老けると思ったら老けちゃうんです。それも、あなたが「こういうふうに老ける」と思ったとおりに。

「年相応」って、わかりやすいようでいて、実は、受け取る人次第ということなんですね。

エベレスト期はそれでなくてもグレーゾーンにいるので、ある意味、自分の気持ちひとつで、どうとでもなるんです。

さらにコワい話をするようですが、昔だったら私たちは姥捨て山に連れていかれちゃったかもしれない年齢。でも、現代のエベレスト期の女性は、連れていかれたところで、山菜をいっぱい採って、キジまで仕留めて、山から下りてきちゃいますよね(笑)。私なら、気が向いたら、さらにそれを売りに行っちゃうかも、道の駅まで(笑)。

もちろん山に残ったっていいんです。

「あ、私まだそうじゃないから」と元気に下山してもいいんですよ。私のように（笑）。連れていかれる前に拒否するという選択肢もありますよね。

道はいろいろあるし、どの道を選んで、どういうふうに年を重ねていくかは、あなたの思うままです。思うままだから、山に残ったってまったくかまわない。それがあなたにとって自然なことなら、それでいいと思います。

ともかく、あなたが老けると思ったら老けますよ。それは確かです。

できることだけやる勇気

うまくできないことを無理になんとかしようとする必要は、もうありません。

できることだけ、やればいいんです。できないことは、ほかの手立てを考えるか、

放置するか、思いきってやめてしまいましょう。やめる選択もありなんです。

エベレスト期の私たちは、年々、視力も衰えるし、いずれは耳も遠くなりますよね。腕や脚の力だって弱くなる。もはや努力でなんとかなる域は超えてしまいました。逆に、できることだけやる勇気が必要なんです。

視力はメガネやコンタクトレンズで矯正できます。でも、少しくらいしか見えていなくても自分がOKなら、無理に矯正する必要はないのかも知れません。かえって、家が多少汚れていても気にならなくていいかも（笑）。メイクのときに細かい部分が見えなければ、拡大鏡を使えばいいですよね。それもなくたっていいんです。とはいえ、拡大鏡がないと、眉の位置が微妙にずれたりして、ちょっと困ったことになるかもしれませんが。

聴力も補聴器があれば大丈夫。腕の力は……。重いものを持たない、あるいは誰かに持たせる（笑）。脚が弱ってきてハイヒールがつらくなったら履かなければいいんです。

もう無理する必要はありません。自分がよければそれでよし。

往生際を大切に！

肉体的な劣化についてだけでなく、もっと一般的な意味でも、**なんでもかんでも、がんばればすべてがなんとかなるというのは、間違っていると思うんです。**がんばってもなんともならないことが出てくるのがエベレスト期。

努力をして少しよくなる場合もあるけれど、ならないほうが人生には多い。だからよくならなくてもガックリするんじゃなくて、「そういうもんだ」と思えばいいんです。

逆に、六十歳になって始めたことが、もしかしたらものすごく得意なことで、六十代でプロになることだって、あるかもしれません。あるいは素人のトップとか。

ただ、若いときには人生終了まで時間があるから、得意じゃなかったと後でわかってもいいけれど、私たちにはもうそんなに時間がない。私たちは限界が決まっているから、そのなかで濃くやるにはどうしたらいいかと逆算して考えるといいと思います。

だって、往生際はかっこよくいきたいじゃないですか。

もちろん意外に長生きしちゃうかもしれないし、実際にはいろいろ悩んで往生際が悪くたってかまわないんです。

大切なことは、かっこよくしたいなと思う、前向きな気持ちです。

あなたも立派な55歳!? CHECK

いく子を襲った
55歳のクライシス。
実年齢が55歳以下のあなたもひょっとして、
精神年齢は55歳を超えているかもしれません。
55歳以上でもまだクライシス前かもしれません。

いますぐチェック!

1	旅行のお土産におまんじゅうや羊羹を買ったり、自分でも以前より食べるようになった	☑
2	伝統芸能を見るとすんなりと楽しめる	☐
3	昔ダサい! と思ったバンドの歌詞が心に沁みる	☐
4	薬の箱や瓶の裏の説明書きが老眼鏡をかけても読めない	☐
5	喪服のワンピースの背中のファスナーが苦手だ（結果、着物に着替えたり）	☐
6	人混みでうまくよけて歩けない。人との間合いがうまくとれない	☐
7	旅行の待ち合わせ場所が不安で前もって下見してしまう	☐

8	そういえば、バスや電車で 席を譲られるようになった	□
9	カレンダーをめくり忘れ、 先月のカレンダーで予定を立てたことがある	□
10	毎日のルーティーンすら忘れてしまう (いつもつけているリングのつけ忘れ、メイクのし忘れ)	□
11	すっごくいい! と思って買ったもの、家に帰ると 同じものがある(調味料や洗剤の二度買い、三度買い)	□

診断結果

7個以上

立派なオバサマ。オバサマとしてどう生きるか考えれば、これからもハッピー!

4〜6個

そろそろ危険。要注意グレーゾーンです。素敵なオバサマになるためのいわば準備期間。

3個以下

まだまだ若い。あなたは心身ともに三十代!? 行けるところまでこのまま行ってください。

注意：この診断はさとる&いく子の個人的見解に基づくものであり、医学的根拠などはありません。

片足未来で、片足カンオケ!? "One foot in the grave"

私たち、小さいころから、いろいろなＳＦものをテレビや映画で観てきましたよね。大人になったら自分も宇宙服を着るようになるのかなと、幼心にぼんやり思っていませんでしたか？　二〇一七年に実写版も登場したアメリカのアニメ「宇宙家族ジェットソン」に出てくるような（笑）。

さすがに宇宙服は着ないけれど、ニオイの出る映画や、カプセルに入ると自動的に体を洗ってくれる装置などに近いものがすでにあります。４Ｄの映画館とかがまさにそうですね。あとは音声認識するアマゾンのアレクサとかグーグルホームとか。

日本のアニメ「スーパージェッター」の〝流星号〟も、アップルウォッチで呼ぶＵｂｅｒやタクシーに近いかも。空は飛ばないですけどね。

「ブレードランナー」の世界だって、ＡＩ（人工知能）技術が進化しつづけるいま、荒唐無稽な話とも思えません。

で、そういう、アニメや映画に出てきた未来的な世界が少しずつ現実となっているいま、私たちはどうするべきか。

結論としては、そのままでいいんです（笑）。

ただ、もし心と懐に余裕があったら、現代の文明の利器を上手に使うと、体や脳のキャパ不足を補ってくれるし、ちょっと楽しいですよ。

私たち、片足は夢見る未来に突っ込んでいますが、もう片方は、カンオケとはいわないまでも、悲惨な未来に突っ込んでいますよね。

なので、ちょっとしたテクノロジーにあやかるのも、心の片隅にあった夢の世界を思い出させてくれて、気分よく山越えするのにおすすめです。

大人フェスとドラマに見る、人生の先輩たちの「ババア道」

byいく子

トークショーでもよくお話しするんですが、コロナ前の日本はライブでも四十代〜五十代の人が増えていました。子育てとかで一度離れていた人たちが戻ってきてた。少し自分の時間ができて、好きだったことを再開したり、やりたかったことに挑戦したりという人が多くなっていたんです。とはいえ五十代も後半になると、まだ少数派ですよね。

実はここ数年、バンド追っかけ活動で、欧米の七十代の女性と友人になる機会を得て、学んだことがあるんです。それは、人生のエベレスト期を迎えたとき、あるいはその下山中でも、やりたいことをやるべきだってこと。

彼女たちは、二十代のころに夢中だったけれど、そのあと人生のあれこれで封印していたことを、エベレスト期以降でも、どんどん爆発させてる（笑）。

そんな人生の素敵な先輩たちに出会ったのは、米国カリフォルニア州パームスプリ

✦『デザート・トリップ』
「2016年10月に砂漠の真ん中で行われた大人向け音楽の祭典で、ザ・ローリング・ストーンズ、ボブ・ディラン、ポール・マッカートニーなど豪華6組が出演！ クラシックロックファンにとっては、まさに夢の3日間でした」
©ZUMAPRESS/amanaimages

ングスで開催された『デザート・トリップ』というフェスでのこと。私は、長年追っかけているローリング・ストーンズのために、清水の舞台から飛び降りる気持ちで三日間参加しました。そして、ロック追っかけの先輩たちと、真っ昼間からライブが終わる夜中の十二時すぎまで、モヒートをがんがん飲みまくりながら語りまくりました（笑）。

先輩のひとりはニール・ヤングのファン。私より十歳以上年上で、夫とふたりで参加していました。フェイスブックを見ると、いわゆるアッパーミドルで、お孫さんも数人。堅実にいい人生を送ってきたのだなとわかります。

でも、というよりも、だからこそ、七十歳を目前にして、大大大好きなニール・ヤングのために、ワイオミングからはるばる砂漠のど真ん中までやってきたんですね。大枚はたいて。で、真夜中まで酔っ払いながらノリまくり、至福の時を過ごしたわけです（笑）。

　こんな女性もいました。

「私はね、いままで四十年間ずっと主人と子どものためだけに生きてきたの」

　ポール・マッカートニーの大ファンという彼女。ビートルズ解散後に結成したウイングスの、結局最初で最後になった全米ツアーに行きたかったけれど、子育てで行けなかったそう。

「一九七六年のことよ。それで、今回だけは絶対に譲れないって、主人に言ったの。行けなかったら離婚よってね（笑）」

　米国北部から車で二日間かけて来たという大先輩にも出会いました。彼女は片手にお孫さんの写真、片手にモヒートを持ち、ご機嫌で真夜中まで踊ってましたね。

　彼女たちの合い言葉。

「もうこれで、この先何があってもいいわ。ここでこのまま死んでもいい」

なぜなら、大好きなバンドのライブを、夢のようなフェスで思う存分味わえたから。

砂漠のど真ん中なので、夜は寒いんですよ。でも二十四時すぎても帰らない。だって、好きだからと。

ドラマでも頼もしい先輩の物語が受けてますよね。Netflixの「グレイス&フランキー」です。ジェーン・フォンダ扮するグレイスとリリー・トムリン扮するフランキーは、二十年以上家族ぐるみでつき合ってきました。ところが、それぞれの伴侶が、自分たちはゲイカップルだとカミングアウト。二組の夫婦は離婚し、夫たちは結婚。驚き落ち込みながらも、グレイスとフランキーは前向きに人生を楽しみます。七十代ですが、恋愛に仕事にと忙しく過ごしているんです。

日本でも、「やすらぎの郷」（テレビ朝日系）が話題になりました。倉本聰が脚本を担当したことに加え、往年の大女優が総出演したことでも注目を集めましたよね。

先輩たちを見ていると、好きなことをやり続けていいんだ、自分の気持ちに正直に生きていいんだと勇気づけられます。

エベレスト期に差しかかっているとはいえ、諸先輩方に比べれば私たちは、まだまだ若輩者。エベレストの先に続く山脈も上ったり下りたりしながら、先輩たちにならって、人生を謳歌しつづけたいと思います。

✦『ゴシップガール』〈シーズン1-6〉
「高校生向けドラマかと思いきや、実は、中年向けでもあったんです。お母さんたちのファッションと生きざま、恋愛が見どころ」
DVD全巻セット(62枚組) ¥29,880＋税
ワーナー・ブラザース ホームエンターテイメント

✦『ヤング・アダルト・ニューヨーク』
「バブリーな映画監督と妻が、堅実な若夫婦に出会い触発されるけど、やっぱり若者は若者だったと思い知る話(笑)」
DVD ¥3,800＋税
Blu-ray ¥4,700＋税
キノフィルムズ(販売元：ポニーキャニオン)

✦『ベニスに死す』
「昔は自分を美少年タジオに重ねていたのに、いまやダーク・ボガード扮する白塗り老作曲家の気持ちがよくわかる。あなたもぜひ観直してみてね」
DVD ¥1,429 ＋税
ワーナー・ブラザース
ホームエンターテイメント

素敵に見える秘密は、「安心のオーラ」

エベレスト期って、自分の立ち位置を取りにくい世代だと思いませんか？ グレーゾーンにいるので、自分自身のスタンスを決めにくいのです。

たとえば孫がいる友人を見ていると、マインドは「おばあちゃん」なのに、外見は孫がいるようには見えない。外見とマインドとのギャップがあるため立ち位置が揺れて、本人も苦しいんじゃないかと心配になります。

いまって、おばあちゃんにシフトするのが、すごく難しい気がするんです。「ババアになったら人生終わり」的な空気や世間からの圧力もあって。

だから、私たちもコワくてシフトできないんですよね。

ちょっと前に、ニュージーランドの若い友人の結婚パーティに招かれました。彼のお母さまは私の一つ年上。つまり、同年代です。彼女はあるがままの自分を楽しんでいて、見た目だけなら、私よりかなり年上に見えます。でもそれを気にしていません。ただ「いく子、顔に何やってるの?」とは聞かれましたが（笑）。パーティは所有している広い農場の一角で行われ、招待客もすっかりくつろいでいましたし、彼女はマシュマロを焼いてきてみんなに振る舞ったり、とっても幸せそうでした。

カルロス・ゴーンさんの元奥さまをテレビでお見かけしたときにも、あるがままの姿で堂々としていて、大らかな感じがしました。

ふたりとも、年をとったからあきらめているということではなくて、「私はこういう人生を歩んできたの。だからいいでしょ」みたいな、どこか安心している感じというか、自信というか、そういうオーラがあったんです。説得力があって、見ているほうも納得できるんですよね。

これからは「安心のオーラ」です。若く見えようが見えなかろうが、関係ありません。ここでいう安心のオーラとは、心の平安とか、好きなことをやっている人から出ている雰囲気を指します。

私たちエベレスト期は、人生の山や谷をそれなりに乗り越えてきているのです。自分に自信をもって、世間からの圧を跳ね返し、安心のオーラを放ちましょう。

昔の私に
―― さとるの場合 ――

PART 2

HOW TO LOVE

55歳からリセット!?
パートナーとの関係どうする

まずは自分を愛すること

先日、美しいゲイの友人と映画を観に行った帰りにお茶していたときのこと。彼は体を鍛えているのですが、私が「いまさら体を鍛えたところで、意味ないわ。男を釣るわけでもないのに、いい体になったってねぇ」とため息をついたら、「何言ってるの？　体は自分のために鍛えるのよ」と言われたんです。

「えー、自分のため？」

そこから急に考え出しちゃったんです。そういえばいままで、好きなことはやってきたけれど、目的があってのことだったなと。いい体になるのも（笑）、おしゃれするのも。

純粋に自分のためだけに何かをして、純粋に自分のためだけに生きてきたことってあるかなと。

エベレスト期の私たちは、みんなそれぞれ、仕事だったり、家庭だったり、介護だったり、これまで忙しくて自分のことなんて、じっくり考える時間はなかったですよね。いまでも続いている方も多いと思います。気がついたら鏡を見なくなってしまう。

私も四十歳のとき両親が相次いで亡くなるまでずっと実家に同居で、親の晩年は仕事に加えて家事や介護に時間を費やし、親が亡くなると今度はパートナーとその親の面倒を見て……。手間がかかるからずっと髪も短かったんです。

でも私の場合は、ここ最近、プライベートでリセットすることがあって、髪も行きつけの美容院におまかせ状態で、なぜかいまは長くなっています。いい年になってから初めて自分の髪に興味がわいたんですね。で、わざわざ高いブラシを奮発して、いまでは毎日ブラッシングしています（笑）。

そしてブラッシングの最中、ボーッと鏡を見ながら思うんです。

「こんなふうに、やっぱりみんな、自分について考えているんだろうな」って。

私がゲイの友人から学んだことは、「ナルシストの美学」だけではなく、自分を愛し、大切にすることだったのです。

結論が出ることではないけれど、そうやって、**ぼんやりでも自分のことをきちんと考える。自分のことをきちんと見てあげる。そしてどんな自分でも肯定して、自分のことを愛してあげる。**

まずはそこからスタートしようよと、いま自分に言い聞かせています。

エベレスト期からは、ナルシストくらいがちょうどいいのかもしれませんね（笑）。

「ビッチ上等」でラクになる

ビッチとは、英語の〝Bitch〟で、もともとの意味はメス犬ですが、そこから転じて、イヤな女とか、いじわる女とか、あばずれ女（ズベ公）（笑）とかを表します。

私は昔からこういう性格で歯に衣着せずにものを言うものだから、好かれる人にはすごく好かれるんだけど、やっぱり嫌われることも多いんです。だから陰口をたたかれたり、ひどい女とか、いわゆる「ビッチ」みたいなことを言われたり。それに対して、以前は腹を立てていました。

でも、五十五歳のエベレスト期を迎えたときから、「そうよ、私はビッチ。それが何か？　それでもＯＫという方はどうぞ話しかけてください」という方向に変えたんです。

「私はビッチ宣言」したわけです。そうしたら、すごくラクになりました。

もう五十五歳になったら、性格が変わるわけでもないですからね。できない自分、イヤな自分を認めたんです。もちろん最初は「そんなことないわよ」と言われるのを期待していた部分もあったかもしれません。でも徐々に、「こんな私につき合っていただいてありがとうございます」という気持ちになって、心底解放されました。

ビッチはあまりに極端ですが、**自分のイヤな部分も正直に認めるとホント、ラクになりますよ。**

他人がどう思うかビクビク生きていたけど
あのイ…
あの家…
あの作品……
ひとりでも生きてゆくのだと覚悟したら
だんだん人目優先から「自分を確立」優先に
イヤな男は描けないっ…
発言は自由度を増し個性がハッキリ
友達は数える程しかいないけど……
はじめてのチョコパフェ
ここのはおいしいよ
ツーカーで気のおけない人たちばかり
ビッチというか社会不適合者
フルコースを食べたあとにたのんだの!?
うん
ステキホテルのラウンジでパフェ＆ポテト＆ビール……＆…
幸せだ。

人間関係のあり方を見つめ直す

ちょっと難しい話になるのですが、いま、人間関係のあり方がものすごく変わりつつあり、潮目にきていると思うんです。

たとえば「リリーのすべて」（アマゾンプライムなどで配信）という映画。女性として目覚めてしまい苦悩する夫と、その夫を性別を超えた愛で包み支える、芸術家の妻の物語なのですが、日本でもいま、現実にそうしたことが起こっていますよね。だから、人を愛するということは、もう性別を超えたところにあると思うんです。

結婚生活を振り返り、考え直してみるのも、私たち世代以降の特徴かもしれません。

最近、死後離婚が増えているといいます。横暴な夫が存命中は我慢したけれど、亡くなったあとまで籍を入れていたくないとか、同じお墓に入りたくないとか。

男性から離婚を切り出すこともあるようですね。私の同い年の男友だちもそう。孫までいるのに自分から離婚したというんです。それまではいい結婚生活を送れたけれど、この先はどうなのかと考えたときに、離婚を決意したと。

昔は一生一緒にいなければというのがあったけれど、いまは女性の経済力が上がってきたこともあって、添い遂げることが必須ではないんです。

これから私たちが恋愛をすると考えても、五十五歳をすぎれば、まず妊娠することはないので、若い人と違って、結婚↓妊娠というはっきりしたゴールはないですよね。万が一結婚するとしたって（笑）、目指すゴールはお墓に一緒に入ることだったり（笑）。

そのゴールでさえ、「私は樹木葬がいい」「おれはやっぱり親の墓に入りたい」とかってなると、別々になっちゃう。

友人関係も変わってきています。SNSでつながったり、趣味や飲み屋で知り合ったり。年収はもちろん、勤務先や、下手したら本名も知らない仲間ができるんですよね。ただ同じものが好きという理由で。これって、ものすごく純粋なつながりだと思うんです。本名や年収を知っているからってそれが何よという感じ。

学生時代の集まりも、名簿で全員探してというのではなく、もっとゆる〜いですよね。フェイスブックで連絡がついた人だけとか。

いまは世の中全体が、人間関係のあり方をもう一度考え直そうという時期にきていると思います。パートナーや友人とどうやってつき合っていくのか、これまでの関係を続けるのかリセットするのか、新たなつながりをつくるのか。

エベレスト期を無事に乗り切るためにも人間関係は大切です。きちんと向き合ってくださいね。

「自ら男尊女卑」はもう卒業

私たちの祖母の世代にとっては、結婚は就職（終身雇用）でした。仕事で稼いでくる夫を支え、家を守り、子どもを育てる。その代わり夫は家族全員を養ったんです。でも、いまは夫の収入だけですべてをまかなうのは厳しくなっているので、この方程式が成り立たなくなってきています。

私たちの母の世代もほとんどが同じ方程式で家庭を営んできましたよね。

そこが問題なんです。

息子も同じ方程式で育ててしまった。でも、いまはもう通用しません。

迷惑を被ったのは、そういう息子たちをパートナーにしてしまったエベレスト期の女性たちです。たとえば、帰宅すると靴も服も脱ぎっぱなしだったり、トイレに入れば便座を上げっぱなしだったり。飲み終えたコーヒーカップを置きっぱなしにして、残ったコーヒーで線がついても平気だったり。

とくに、ひとり暮らしをしたことのない男性はこの傾向が強いですよね。

まあ、女性にだってていますけどね（笑）。

そしてまた、エベレスト期の女性にも、息子を古い方程式で育てている人がいるんです。そうすると、私のような尽くし型の女性でないと、相手にしてくれなくなっちゃう（笑）。

私たちは、フェミニズムで成長して大人になり、ババアになっているのに、結局「自ら男尊女卑」の生き方をしているんですよね。

フェミニズムといっても、男と女、どちらが偉いということではなくて、イーブンでありたいということなんですが、私たちは自ら不平等の道を歩いているところがある。

息子かわいさに。

でもそういう男性は、なかなかもらい手がいないし（笑）、ゴールインしたとしても、いまの女性たちからは愛想を尽かされてしまう確率も高いと思います。

なので、そろそろこのダメ男スパイラルを断ち切る勇気も必要なんです。

男のしつけ

じゃあ男のしつけ（笑）はどうしたらいいかというと、ひとことでいえるほど簡単なことではありません。いろいろな本が出ているのでご存じの方も多いと思いますが、まず脳の構造も違うらしいので、私たちと同じようにはできないようです。家庭科やってないし。

だから、何かやってもらうとしても、自分がやってしまったほうが、早くて上手にできるので、結局自分で片づけてしまう。よくいわれることですが、できるようになるまで、手出しせずにがまんするしかありません（苦笑）。というか、できなくてもがまんする。もちろん、家事全般パーフェクトな人もいますが、まれです。

手伝おうとか、自分ができることはやろうという意思を見せてくれるだけでもすごいことです。なんにもしないどころか、気づきもしない人から比べたら。**そう、まずは気づいてもらうことが大切なんです。**

私の知人夫婦は、一度別居して、ダンナが二年くらいひとり暮らしをしました。ダンナはそれで懲りて、いままた元の鞘に戻り、家事も手伝ってくれているといいます。

スパルタ教育法としては、ダンナも息子もいっそ一度ひとり暮らしをしてもらう、というのがいちばん効果的かもしれません（笑）。

「共白髪」の真実

「共白髪」とは、互いに白髪になるまでそろって長生きするという意味です。

互いにジジイ、ババアになるまで一緒に生きるわけですから、こちらがババアなら、相手も同じくらいジジイなわけです。**つい忘れがちだけど、自分ができなくなっていることは、相手もできなくなっているんです。**

どちらかが若い場合は、相手の状態に気づくのが年齢差分遅くなるから、よけいにわからない。

それで、なんにもせずにグタッとしているからと、相手ばかり責めてしまう。自分も疲れて同じようにグッタリすることもあるのにね。あるいは数年後にそうなるのに。逆のパターンもあります。こちらがババアになっていていろいろツラいことがあるのに、ダンナがそこを理解してくれないとか。

ポイントはとってもシンプルで、相手も一緒に年とっているということを理解して、互いを思いやること。そうすれば、夫婦生活はうまくいくと思うのですが……。

これがなかなか難しいんです。

若いときとは違う新しい人生を二人で築く覚悟があれば「共白髪」もアリかもしれません。

特別対談

さとる×いく子のアラカンLOVEトーク

パートナーは二毛作!?

ちょっとしたウソもスパイス60代

人生パートナー二毛作のススメ

地曳（じびき） 五十歳すぎてからね、同年代の友人知人が次々と離婚してるんですよ。昔はいまほど長生きしなかったから、なんとか夫婦生活も我慢できたけど、いまはうっかり早く、三十前ぐらいで結婚しちゃった人は、やっぱりいろいろ問題が……。

槇村（まきむら） 第一部が終わっちゃうのよね。だから、二毛作というか、パートナーチェンジしないと難しいのかもしれない。長寿すぎて。子どもが自立してるのに一緒にいる夫婦って、よっぽどな仲よし。

地曳　じゃなかったら、ダンナはいるけどボーイフレンドつくるとか。役割を分けないと、すべてをダンナひとりじゃまかないきれないかも。って、炎上しちゃいそうな発言ですが（笑）。エベレスト期になると、恋愛形態とかもいろいろ変わってくるし、目的が、セックスだけじゃないですもんね。

槇村　自分の欲望を考えないと幸せになれなくなってくる。私は誰かとクリエートしている瞬間がすごく幸せ。もちろん描くでも踊るでも料理するでも何でもいいんですけど。

地曳　そっか、そっちに行けばいいのか。誰かと何かを……。

槇村　うんうん、とくに私は、「自立」って大きい声で言い続けてきたから。飽きちゃったの、なんだか。飽きたというか、もう自立は済んだ。

地曳　自立は済んだって、かっこいい！

自立の先は共存

槇村 だからこれからは「共存」。人と一緒にやっていく。いく子ちゃんはどうなの？ 男の人に何を求める？

地曳 えーと、経済力。いままで自分で人生を切り拓いてきたから、一度は誰かに頼って生活するという生き方をしてみたい（笑）。

槇村 いいね、わかりやすい。私は普通にストロングな男の人が好き。心肺能力とか、体力があること。空間を把握する能力もね。とにかくもう、自分にないものを持っていてほしい。

地曳 そうね、自分にないものをね。それが共存ということ？

槇村 そう。互助。共存の条件かな。

地曳 共存にもいろいろな形がありますよね。「依存」ではなくて共存ですよね。

槇村 基本、自立していないと大変なことになるから、そのうえでの共存ね。生きていてくれることが何か励みになる存在っていうのは、すごく大事。

地曳　つき合い方もいろいろ変わってきますよね。

〝いく男〟誕生？

槙村　年の差のあるカップルも、いままでは女性のほうがずっと年上というのも珍しくなくて、主導権は女性が握ってたり。

地曳　私は子どもがいないから、最近、若い女の子たちと一緒にごはんを食べたり、温泉に行ったりしてるんですけど、すごく楽しい。もちろん私持ちで。もしかしておやじたちがしていたのはこれかと思って。なんだか、楽しいじゃないかと（笑）。で、「もっとお寿司食べなよ」とか言ってね。

槙村　男前だねー。いく子ちゃんも存在するけど、ちょっとひっくり返って、おじさんとしての〝いく男ちゃん〟みたいなのも生まれてきて。

地曳　そうそう、おやじとしての私。

槇村　私たちも若いときに、そうやって食べさせてもらったものね。高かったんだろうなあ。本当においしかった♡

地曳　「ゴチチョウチャマ」って言うだけでね。だから今度は私たちの番。でも、ちょっと仕込みすぎちゃって。よく食事するなかの一人が、会社の上司に寿司屋に連れていってもらったときのこと。トロとかウニとかではなく、ついうっかり「今日の白身魚と、芽ねぎ」って言っちゃったらしい。上司が「おまえ、いつも誰とごはん食べに行ってるんだ?」って（笑）。

槇村　若者は芽ねぎ頼まない。

会いたい人とだけ会う

地曳　つき合い方で変わったことって、ほかに何かありますか?

槇村　会いたい人だけに会いたくなった。会うというのが大事になった。

地曳　時間がないですもんね。会いたくない人と無理に会うくらいなら、グーグルホームとアマゾンのアレクサが相手でいいかな、とりあえず（笑）。

槇村　え、両方持ってるの？

地曳　そうそう、洗面台にアレクサで、リビングルームにグーグルホーム。朝起きると、「おはよう、アレクサ」「おはよう、グーグル」。いまはａｉｂｏが欲しくてたまらない。このぶんだったら、私の伴侶はａｉｂｏでいいのか？（笑）

槇村　いいと思う。いいけど、まだ早いんじゃない？（笑）

地曳　でも欲しいものってそれくらい。

槇村　欲もなくなるからね。ホルモンとか全部出なくて、停止に向かっていっちゃうから、世界がモノクロームに……。

地曳　なんだかちょっと私、老化が早くきちゃってるんじゃないかなと思って。

槇村　移動しすぎたんじゃない？　地球上を高速で（笑）。

地曳　どうしよう。新しい男でも見つけないとだめなのかしら。

槇村　それはカンフル剤的にすごくいいと思うけど。

地曳　ハワイに行ってマッチ・ドットコムとかで結婚してみるってどうです？

槇村　いいと思う。本書いてください（笑）。

私のカンフル剤は、社交ダンスかな。

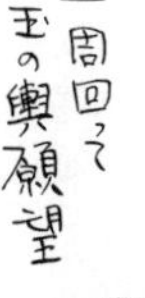

相手は一人じゃ足りない!?

地曳　でもいくら共存といっても、ダンナさま（キムさん）にくるくる回してもらうわけにはいかないですよね？

槇村　そこまで求めたらかわいそう。というか、プロと踊りたい（笑）。

地曳　でしょ、でしょ、でしょ。そういうことなのよ。一人じゃ足りない。

槇村　うん。分散するといい。社交ダンスで私が違う異性に触れてることが、ダンナにもわかってるでしょ。だから、いろいろと駆け引きが出てくるの。

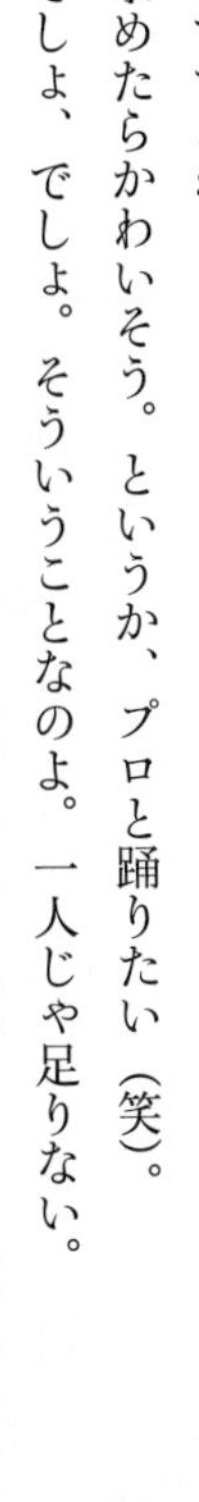

地曳　そうですよね、手を握られちゃってるんだもの。腰とかお尻抱かれちゃってるんだものね。

槇村　うふふ。でも「好きな人」とは違うの。なのに体調とかわかっちゃう面白い関係。ダンナさんから見たら「オイコラ！」だよね？

地曳　それに、妻は妻で、どんどん若返っちゃったりするじゃない？　キラキラしたり。そうするとダンナさまとしては、いや、おれだとここまでキラキラしなかったよなーとか（笑）。

槇村　いろいろ考えるでしょうね。

地曳　多分。

槇村　そういう一瞬一瞬の、夫婦ふたりの角度が変わってくる感じを楽しめる関係っていうのは、活性しててよいと思うの。

地曳　そこまでいけば、成熟した関係でいいですよね。

槇村　ちょっと奥さんにくぎ刺そうかなとか、ここは泳がそうかなとか、ダンナも私をサーチしつづけているから、表面では何も起こってなくても胸の内で恋心（仮）が発生するのはバレてる。

地曳　でも、踊るときはある程度発生しないと踊れないものね。

槇村　踊れない。信頼していないと絶対踊れない。だから、そういう、大人な関係がいいのよ。奥さんが踊ると怒るダンナもいるけどね。

地曳　それはまあ、わかるけど。でも縛りつけてそのまま老人になっていくよりは、踊ってもらってニコニコしていてもらったほうがいいのにね。男性のほうが、所有欲とかテリトリー意識が強いから。

槇村　キムさん、いつも応援&サポートありがとう!!

地曳　しかし、あのダンスの裏にそんな駆け引きがあったなんて。

これからはプリミティブ

槇村　スターに憧れるとかよりずっと強烈だもの。直接触れるって。

地曳　レッスンが始まった瞬間から肉体的な交流が始まる。

槇村　人間、ノンバーバル（非言語）・コミュニケーションが基本です。

地曳　いままで、そういった原始的な、プリミティブなことなしにやってきちゃったというか。

槇村　頭でっかちでね。

地曳　それをすべて取り払うために、ダンスとかライブとか、行くといいのかも。

槇村　理屈よりライブ！

地曳　好きな人と踊ればいい。

槇村　好きな人と踊る。好きな人とカップルになる。嫌いになったら別れる。

地曳　昔の、祭りの夜に子どもができるのと一緒の感じのセッションみたいな。

槇村　もしかしたら、そういうところにも、もうちょっと戻っていいのかもしれない。

地曳　ちょっとプリミティブにね。

槇村　原始な自分が愛（いと）おしいです。

恋人よりも女友だち？

私は「ビッチ上等」宣言をすることで、友人との関係もラクになり、見えてきたことがあります。

大切なのは、恋人よりも、女友だち。

とくに、エベレスト期は、この世代特有の体の不調や家族の問題などについて、正直に話し合える友人がいると、心強いですよね。

私は実は寂しがり屋で、ひとりでいると孤独で寂しいんです。でも、逆に人といたほうが孤独を感じることもあります。

このごろ思うんです。食事に行くにしても、五十五歳になったら、何を食べるかではなく、誰と食べるかが重要なんじゃないかって。話題のレストランや料亭だからと、それほど親しくもない人と会食して気苦労するのは、三十代、四十代までで十分だと思うんです。嫌いとまではいかなくても、バイブレーションの合わない人、自分がつくり笑いしちゃうような相手とは、もう食事に行かなくていいのでは？　わざわざ取り繕う必要はないと思います。ビッチいく子としては（笑）。

もちろん行ってみなければわからないこともあるので、行ってみて、どうも合わないなと思ったら、次回は遠慮すればいいんです。一度目は授業料。一度で何もかもパーフェクトを目指すのはあきらめたほうがいい。生きていくうえで失敗なんて何度でもありますから。

いい大人なんだからうまくいくというのも単なる幻想です。

もちろん大人なんだからしっかりしなきゃと思うのはいいんです。でも、こんな「しっかり」が服を着ているように見える私でさえ、もはやしっかりできません。

そういう私に寄り添ってくれる女友だちと話すと、ホッとします。何かを相談するわけでもなく、単に自分の失敗談をおもしろおかしく話しているだけでも……。

だからやっぱり、恋人より、女友だちだよなと、つくづく思います。

パートナーというぬくもり

女友だちが大切だという話をしましたが、パートナーだって、女性でもいいと思うんです。とくにエベレスト期にとっては、セックスだけじゃなくて、一緒に手をつないで寝るとか、心のつながりやぬくもりもすごく大事。険しい山道を行かなくちゃいけないんですから。自分の求めるぬくもりを得られる相手なら、女性でもいいですよね。

レズビアン・バーに行くと、男の人はイヤとかこりごりとかこわいという理由で来ている女性もいるけれど、もっと根本的なところで、ひとりは寂しいからと通っている人もいます。性的な行為におよばないまでも、ちょっといちゃいちゃするだけで、なんとなく心が和むと。

信頼
お互いに願いを受け入れられる
お互いにコントロール感を持てる
ただいまー
んっ？
尊敬
その人の言動に素晴らしさを認め自分の模範に足る存在として仰ぎ見るコト
このふたつをもてる相手との出会いは中々少ない気がしーます
夫婦でもね
猫用のカンヅメも買ってこよう
だれかとつながっているという自信
だれかを信じている人間の強さ、

その気持ち、すごくよくわかります。

男性から見ると、気持ち悪いと思うかもしれません。でもそれは男性側の恐怖のなせるワザ。自分の存在価値がなくなるというか、需要がなくなるというか、そういう恐怖です。

まあ、でも、もちろんパートナーは男性でもいいわけで、要するに、性別は関係ないということ。安心して幸せになれる相手ならいいと思います。

「ぞっこん」が幸せを運ぶ

あなたは、お金と愛と時間を惜しみなくつぎ込めるもの、ありますか?

韓流（ハンりゅう）スターでも、宝塚でも、歌舞伎でも、バンドでも、趣味でも、とにかくぞっこんで、気前よくなっちゃう対象です。たとえば私なら追っかけているバンドだし、槇村先生なら、社交ダンス。

私は暇があれば、なくても(笑)、ライブ行脚をしているし、槇村先生は発表会のために一回しか着ない素晴らしいドレスを作ったりしています。

それは悪いことじゃなくて、それほど夢中になれることを見つけられた人は、人生後半、幸せなんじゃないかなと思うんです。

社交ダンスのレッスンは、プロの先生に一緒に踊っていただいて手ほどきを受けるわけですが、槇村先生によると、このプロの先生は、生徒たちの疑似恋愛の対象なんだそうです。生徒たちは、先生のことが好きだから先生に会いたいと思って、脚が痛かろうが腰が痛かろうが、レッスンに通うんだとか。社交ダンスの先生は、アイドル稼業。熱狂的ファンでもある生徒の年齢は、ほとんどが私たちの先輩世代ですが、みなさん、先生に会えば元気になるそう。

これってすごくわかりやすくて、とくに社交ダンスは接触もあるから、アイドルに直接タッチできて、幸せ気分を満喫できるんですよね。

私にはレギュラーで追っかけをしているバンドのほかに、ライブ仲間の女性と二人で、毎回ライブに通ったり、差し入れをしたり、といろいろ助けていた若いバンドがいました。ところが、残念ながら芽が出なかった。二人で入れ込みすぎただけにがっかり。いまでは友人と、「なんだかやっちゃったねー、私たちー」とよく話してます(笑)。でも、後悔はありません。

芽が出ようが出まいが、一時は私たちの気持ちをアゲてくれたから、よい経験になりました。「ぞっこん」という疑似恋愛で、本当の恋愛には発展しないことがわかっていたとしても、何かに首ったけの気分は、人を幸せにしてくれますよね。

共通点は少しで十分

ひとりのパートナーがすべての役割を担わなくてもいいとなると、どの役割を、誰に、どうやって分担してもらえばいいのでしょうか。

まずはお話ししてきたように、**ぞっこんになれる対象に胸のときめきを担ってもらう方法。**俳優さんでもいいし、バンドのメンバーでもいいし、社交ダンスの先生でもジャニーズでもいいですよね。

趣味の話ができる相手を見つけるのもいいと思います。それは飲み屋でもいいし、SNSとかで見つけるのも手です。私は月島の飲み屋などで、意気投合すれば、初対面の人とでも三〜四軒飲みに行ったりします。

コロナ禍前にも、六人くらいしか座れない店で知り合った男性たちとはしご酒。彼らは自分たちの仕事について熱く語っていました。で、その仕事というのが、私が否定的な意見を持っている業種だったのですが、きちんと論理立てて話をしてくれて、とてもおもしろいと思えたんです。相手もこちらの意見は反対意見として尊重してくれて。

五十五歳以前の私だったら、大議論になってケンカにすらなっていたかも。いまはお互い違う意見でもそれはそれでいいなと思います。結局、名前もお互い明かさないまま楽しい時間を過ごし、夜十時には解散しました。

人ってひとりひとり違いますからね。

そのなかでちょっとだけ共通する部分がある人と、仲よくなったり、仕事をしたり、ごはんを食べたりするわけだから。

相手が男性でも女性でも、違う部分がある人と、互いの違いを楽しんだほうが、なんだかうまくいく。そのことが、五十五歳をすぎてから、やっと私にもわかりました。

以前は、できるだけ共通点が多い人を探したものです。でも、共通点がまったくなければ知り合いもしないわけだから、共通点は少しでいいんですよね。

昔の私に

——いく子の場合——

過去の私にひと言
「あんた60になってもバンド追っかけてるよ
THE
さらに過激にね
これからロンドン
ストーンズのライヴ♡

PART 3

HOW TO WEAR

おしゃれのために
「あきらめたもの」「得たもの」

五十五歳、きわめるべきは「美・ババア」道

ここまで人生と愛についてまとめてきましたが、少しはお役に立てているでしょうか。

ＰＡＲＴ３では、みなさまお待ちかね、エベレスト期の女性のおしゃれについて考えていきたいと思います。

いくつになっても魔女のように美しい女性たちを称して、「美魔女」といいますよね。熟女たちが目指すべき姿として、いっときもてはやされました。

けれど、私たちが目指したいのは、美魔女ではありません。

もっと自分らしい美しさを大切にしたいですよね。

無理せず自然体で美しさをキープする女性でありたい。

そういう女性を、この本では「美・ババア」と呼びます。

まさに、ビバ・ババア！

五十五歳からきわめるなら、美・ババア道なのです。

どうしたら迷わずまっすぐ進めるのか。その方法をご紹介しましょう。

おしゃれは人のためならず

おしゃれは結局自分のためにするものです。

「今日の私って、イケてない」と思ってしまうと、気持ちが落ちますよね。そうすると、途端に老け込んで見えちゃうんです。

だから、自分が気分よく過ごすためにおしゃれをしましょう。

メイクもね。

きれいに眉を描いたり、きれいにネイルしたりすると、気分が上がるし、気持ちがシャキッとしますよ。

おしゃれもメイクも、人のためならず。

ついでに言うと、体型カバーも、人がどう思うかではなく、自分の気持ちに正直に。二の腕でもひざでも、「出したって平気」と思うなら出してもいいし、「みなさまにお見せするのはしのびない! or 申し訳ない」と思う部分は、やはりカバーしたほうがいいんです。

気になる部分を隠さずにいて、自分で「あぁ、今日はヤバいな」と思ったら一日気分がふさいでしまいます。逆に「あら、イケてるわ」と思ったら、ごきげんで過ごせますから。

基準は自分、責任も自分

私たちの母親世代には、この年齢になったらこれを着ていればOKという、大人の基準がありました。私も若いころ、母親の年代になったら、ツインニットやブラウスにタイトスカートか台形スカートまたはスラックス、スーツ、ワンピースが、それぞれ一着ずつあれば生きていけるわと思っていました。ところが……。

いまは世の中がカジュアルになり、きちんとした格好をしていく場所も少なくなりました。小さいころに思い描いていた大人ワードローブ計画は通用しなくなったんです。もはや、五十五歳になったら何を着るべきかというルールはなくなってしまいました。

しかも、カジュアルなスタイルのほうが、ずっと難しい。

私たちは、大変な時代にババアになっちゃったと思います。

それならもうどうしようもないのでしょうか？

いえいえ、大丈夫。

基準はあります。

あなたが基準です。あなたがいいと思えばいいんです。おしゃれは自分のためなの

ですから、基準も自分でいいのです。

たとえばノースリーブ×ハーフパンツの着こなし。私だっていまでも着ますが、リゾート地にかぎります。でも、もっとずっと若いころは都内でそういう格好をしていました。それが、プールか海のそばじゃなきゃダメと思うようになり、やがて沖縄ならいいか、となり、いまや海を越えなければ着られません（笑）。誰かからダメだと言われているわけではなく、自分の気持ちの問題なんです。自分の気持ちが許すなら、都内を歩いたってかまわないんですけどね。

基準が自分にあるということは、責任も自分にあるということ。

ヘア&メイクアップアーティストの山本浩未さんは、「三十歳くらいまでなら、美容は親の遺伝子に左右されるけれど、三十歳をすぎたら自分の責任」と言います。

私は、おしゃれも同じだなと思うんです。

十代なら、服は親が買ってくれます。二十代でも親の意見を聞くこともありますよね。服さえ親の管理下にあったのです。でも、三十歳をすぎたら、ほとんどの人は自分で好きな服を買えるし、嫌いな服を捨てることだってできます。自由に選択できるんです。

だからこそ責任は自分にある。もはや、人のせいにはできません。

自分がヤバいと思ったら、やめればいいと思います。

好きなものに迷ったら、嫌いなものを探して排除!

五十五歳まで、私たちはいろいろな義務を果たしてきました。家事もあるし、仕事もある。子育てが終わったら介護。自分がどうしたいかより、やらなくちゃならないことを優先せざるをえませんでしたし、いまだにそうせざるをえないことが多いかもしれません。

そのため、いざ解放されて、自分がしたいことをすればいい、好きな格好をすればいいと言われても、どうしたらいいかわからないという人も多いんです。

客観的に
今の自分の状況を
ながめてみる
ドローン目線で

わからなかったら、まずは、若いころを振り返って、自分が本当は何が好きだったか、本当は何がやりたかったかを思い出してください。

もう思い出せないという人は、ひとまず、好きだったことは脇に置きましょう。

そのかわり、嫌いなものを考えてください。嫌いなものは意外とすぐに思いつきます。

嫌いなものがわかったら、それをやめてみましょう。

もし嫌いなものがないのなら、いまのままのあなたでいいと思います。いまのままで不満がないということなのですから。絶対に変えなきゃいけないと思うから苦しいんです。

嫌いなものが見つからなければ、いまの状態をキープ。

ちょっと立ち止まって考えれば、自分がどんな状況にあるか自然と見えてくるんです。

勘違い若づくりにご注意!

突然ですが、私たちの人生を、柿にたとえてみましょう。

ずっと新鮮な柿でいることはできませんが、上手に熟成していけば、甘い干し柿になります。そのままでもおいしいし、チーズなどと一緒にいただいても美味。

一度干し柿になってしまったら、新鮮な柿には戻せないし、せっかく熟成して、別のおいしい食べ物になったのだから、その味を楽しむべきです。

私たちも、完璧に若返ることはできません。

だからといって、無理な若づくりも必要ないんです。

世の中には、若見えをよしとする圧力がありますが、気にする必要なんてありません。気にして無理に若づくりしても、イタいオバサンになるだけ。

【熟成】
それまで
形をとらなかったものが
時期がきて
具体化して
結実する

それよりは、美・ババアを目指してちょっとずつでも、さらなる熟成を心がけましょう。

若づくりよりも、目指すはアップデートされたいまのオバサンです。

欠点を見つけたときがスタートライン

「なんだか最近二の腕がさらにだぶついてきた」

「腰回りのボリュームが倍増した」

そんなふうに、自分の欠点が見つかると、落ち込みますよね。

でも、落ち込むのは大間違い。

欠点を見つけたら、喜んでください。

なぜなら、そこがおしゃれのスタートライン、美・ババアへの出発点だから。

たとえば受験勉強でも、自分の弱いところがわからなければ、傾向と対策を立てられません。おしゃれも同じ。

欠点を知ってはじめて、傾向と対策を考えられるんです。

私はあるとき、ふとウィンドウに映る自分の姿を見て、自分がものすごい猫背だということを知りました。肩が前についていて、なんだか老け込んで見えました。そこで一念発起して、ヨガとストレッチに週二回通っています。おかげで姿勢がずいぶん直った気がします。

あとで知ったのですが、猫背は内臓を圧迫し、健康にもよくないとか。あのときに猫背に気づいて本当によかったと思います。

おしゃれをするために、あきらめる

「この前雑誌で読んだ美脚の法則がまだ使えるはずだから、スリムパンツも大丈夫よね」

そう思って手持ちのスリムパンツをはいてみたら、なんだか以前とバランスが違う。で、こう思います。「そんなはずないわ」と。そんな経験、ありませんか？

ここに、エベレスト期特有のワナが二つ潜んでいます。

まずひとつは、時間感覚。

私たちにとって、一年なんてあっという間。だから、「この前」と思っていても、それが「数年前」、ときには五年以上前だったりするんです。体型も流行も、とっくの昔に変わっているんですよ。

もうひとつは、思い込み。

なまじ経験と知識があるので、思い込みが強くなりやすいんです。自分が経年劣化しているのだから、思い込みでうまくいくと判断してしまうのは危険。

おすすめのサバイバル術は、あきらめること。前向きに、潔く。

「そんなはずじゃなかった」も「あんなはずじゃなかった」もありません。「そんなはず」なんです（笑）。

さっさとあきらめて、いまの自分が気持ちいいことを実行してくださいね。

決め服は二時間持続が目標

私にはお気に入りのライダースがあります。ツィードとレザーを組み合わせたデザイン性の高いもので、私の決めアイテムなのですが、これが、鎧（よろい）のように重いんです（笑）。いつも、玄関の全身鏡でチェックするまではなんとかがんばってみるのですが、低気圧などで調子が悪い日だと、出かけるときにはもう疲れて脱いじゃう（笑）。

でもお気に入りなので、仕事や友人との食事会などで、疲れるけどどうしても着たいと思うときには、もう、手持ちにするんです。で、必要なときにさっと羽織る。

私のライダースのように、体力的にはあきらめるかどうかギリギリのラインにあるけれど、すごく好きで、どうしても着たいと思う服って、ありますよね？

そういう服は、ピンポイントで二時間持続できればいいと思います。同窓会や女子

きつく着すぎた着物
ハイヒール
コムイルフォー
重いバッグ
LOTU
永遠のライダース

会に着ていきたい決めスタイルもそうです。

なんとかがんばって三時間。このくらいの時間も着ていられないスタイルは、さすがにもう、あきらめましょう。着られないと思うだけで、精神衛生上よくありませんよ。

「足もとを若く」は美・ババアの基本

たとえば電車に座っているとき、周囲の女性の足もとを観察してみてください。白髪のおばあさまでも、足もとがトレンドのスニーカーや、いまふうのコンフォートサンダルだったりすると、すごくかっこよく見えますよね。

足もとを若くすると、美・ババアになれるんです。幸いスニーカー人気がいまのところ続いているので、足もとをスニーカーにするワザがまだ使えますね。このワザのいいところは、服が普通でも、トレンドを着こなしているいまの人と認定されること。

重要なのは、履くときの気持ちです。革靴がツラいからスニーカーを履いているというのではなく、「わーい、アディダスのスタンスミス買っちゃった！」という、ポジティブな気持ちで履くのがいいんです。気持ちがウキウキしていれば、表情だって、自然に明るくなるし、堂々とおしゃれを楽しんでいるオーラが出ます。

だいたい、革靴なんて、もう飽きるほど履いていますからね、私たち。

スニーカーは、定番のデザインでまったく問題ありません。

もしいまからもう一足買い足すなら、とりあえず最新のスニーカーを。

そしてどんな服にも合わせましょう。

流行は、回転寿司と心得る

この間、友人と一緒に回転寿司に入ったときのこと。好きなネタの寿司を取りながら、ふと思ったんです。

「あれ、流行って、回転寿司と同じ?」って。


流行は流れゆくもの。しかもぐるぐる回りますよね。

回転寿司と同じなんです。


回転寿司を思い出してみてください。

流れてくる寿司の中から、好きなものを、好きなだけ取りますよね。

でも、嫌いなものは取らないし、好きなものでも、今日はちょっと気分じゃないなと思ったら取りません。

流行も同じなんです。

流れてきたら、好きなものだけ取ればいいんです。

似合わない流行は流れ去ります。

流行アイテムで
守る
フリフリ
パツパツ

ディフェンスとしての流行アイテム

そろそろ実践に移りましょう。いく子流の体型カバー術をご紹介します。

流行アイテムを使う方法です。

流行のものって、攻めのアイテムだと思いがちですよね？

でも、実は、流行アイテムは、ディフェンス（守り）のためにあるんです。


たとえば、いま流行(はや)っているワイドパンツ。

太ももや腰が張っている人の悩みを一気に解決してくれます。

脚にコンプレックスがあるなら、フルレングスのロングスカートがおすすめです。

二の腕が気になるなら、ふんわりしたパフスリーブやフリルが段々になったティアードスリーブで隠すといいですね。

わざわざスリムパンツやぴったりした袖のトップスを着る必要はないんです。

流行アイテムは、コンプレックスを忘れさせてくれるものを選んでください。

コンプレックスがあること自体を忘れさせてくれます。

トレンドのハーフ&ハーフ法則

ディフェンスとして流行アイテムを取り入れるのがいいからといって、上下フルセットでコーディネートをしてしまうと、私たちの世代では、残念ながらコスプレになってしまいます（笑）。

トレンドを取り入れる基本は、ベーシックなアイテムとのハーフ&ハーフです。

自分がイケている部分にはベーシックアイテム、「ちょっとここに難があるわ、どうしよう」と思う部分にトレンドを入れると上手に隠せます。

思いきって、「どうしよう」というほうにトレンドを投入するんです。

たとえば、自分は胸も下がっていないし猫背でもないけれど、腰が張って脚にコンプレックスがあるという人は、トップスにユニクロUのシンプルなTシャツやカシミアの丸首セーターなどを選び、ボトムにワイドパンツを合わせます。反対に、脚は問題ないけれど、二の腕が気になるというなら、ボトムはストレートスリムのパンツやひざ丈スカートで、トップスにパフスリーブブラウスなどを持ってくるといいですね。同じストレートスリムのパンツでも、足首が自慢なら、さらにそこを強調するようにクロップド丈のパンツを。

いいところはどんどん見せて、気になるところはトレンドものでカバーしてください。

デパート四階は「美・ババア」スポット

トークショーでよく「どこで買い物をしたらいいですか?」という質問があるので、ここでも答えをご紹介しますね。

場所としておすすめなのは、デパートのいわゆるミッシーコーナーです。四階より上にあることが多いですね。激辛の最新トレンド服ではなく、もっと食べやすく料理された服が見つかります。

よくお話しするのですが、エベレスト期の私たちに合わせて進化した、昔なじみのブランドも、いまやミッシーコーナーにあります。

ミッシーコーナーは、もう一世代、あるいは二世代上の先輩たち用では？　という先入観を捨てて、一度足を運んでみてください。もちろん、若い人たち向けの刺激のあるフロアをひと回りしてみて、惨敗してしまったらで結構ですが。

いつも買い物に迷ってしまうという方は、友人を誘ってみるのもおすすめです。気持ちが上がると思いますよ。欲をいえば、辛口の友人、センスのいい友人なら、的確なアドバイスをしてくれそうです。

つき合ってくれたお礼においしいランチをごちそうすれば、さらにいい時間を過ごせますね。

アラカン三種の神器

これさえあれば、のパワーアイテム

いく子の三種の神器

1 エルメスのアップルウォッチ
2 シャネルのココ クラッシュ、ピンキーリング使い&ドクロカメオのリング
3 ヴァレンティノのバッグ

さとるの三種の神器

1 むくみ防止ストッキング
2 ハンロのブラキャミ
3 長め丈のトレンチコート(ビューティフルピープル)

「五十五歳からの服」四つの条件

エベレスト期の私たちがおしゃれを楽しむために必要なのは、その服を身につけたときストレスフリーであること。

どんなにスタイリッシュなデザインでも、私の決めライダースのように重いと、着られる機会が少なくなります。二〜三時間用の決めアイテムならそれでもいいのだけれど、ヘビロテアイテムには、着心地のいいものが欲しいですよね。

そのための条件は四つあります。

ひとつめが、軽さ。

肩こりはエベレスト期の大敵です。頻繁に着るつもりで買うなら、コートでもニットでも、まず軽さを優先して選んでください。

ふたつめは、柔らかさ。

ナチュラルな体の動きを妨げない服です。レザーやツィードはもちろん、コットンや麻でも、厚いものは着てみて硬さを感じないかどうか、チェックしてくださいね。

三つめは、肌ざわりのよさ。

下着やタイツ、シャツなど、肌に直接触れる部分が多いアイテムは、質感重視。素材・サイズ感にこだわって選びましょう。

最後に伸縮性。

最近はストレッチ入りの素材を使っている服が増えています。ただ、伸びがよすぎると、ラクな半面、肉感を拾ってしまいだらしなく見えることもあるので、試着時にストレッチの度合いを確かめてください。動いてもシルエットがくずれない程度が無難です。

軽く、柔らかく、肌ざわりがよく、伸びる――何度も着る服、長い時間着る服は、以上四つの条件を備えていると、気分よくおしゃれに専念できると思いますよ。

買い物ジャッジ 三つのステップ

「似合う服が見つからないんですが、どうしたらいいでしょうか？」

これもトークショーでよく出る質問です。

私たちの年代になると、似合う服は、十枚に一枚、ときには十五枚に一枚見つかれば成功です。似合わないもののほうが多いと心得てください。

そのうえで、じゃあどうしたらいいかというと、三つのステップを踏んでジャッジするのがいく子流。いまからこっそり教えますので、試してみてくださいね。

ステップ1　指先センサーで肌ざわりをチェック

買い物で私が頼りにしているのは、自分の「指先センサー」です。指先で服をさわってみて、肌ざわりを確認するんです。潤いがなくなった指だからこそわかる肌ざわりのよしあし。

このひとさわりでNGだったら、試着するまでもありません。高い安いではないんです。高級ブランドでもファストファッションでも、基準は同じ。自分の指先センサーがOKを出したら、第一段階は合格。

ちなみに、服を買うときだけでなく、家で服を捨てるときのジャッジにも、指先センサーは大活躍してくれます。

劣化した下着も指先でさわって、捨てるかどうかを判断します。指先が許さないものを、お尻や胸が許せるわけがありません（笑）。

私たちは長いこと洋服とつき合ってきたので、自分で考えている以上に、指先は服を知っています。だまされたと思って、次の買い物のときには、まず、指先センサーでさわり心地をジャッジしてみてください。

ステップ2 顔近くにあてて色を確認

いまは、昔と違って、いろいろな色調の服が出てきていますよね。

いつだったか、エベレスト期の女性の仕事用に、そのときのトレンド色だった黄色の服を探したところ、似合う黄色がなかなか見つかりませんでした。やっと見つかったのが十枚目。流行色なのでさまざまなトーンが出ていたのですが、それでも、そんなものなんです。同じ黄色でも全然違います。

カーキやベージュもそうですね。若い人に似合うトーンでも、私たちには似合わないものがあります。まずは顔の近くにあててみて、顔色がきれいに見えたら似合う色。くすんで見えたらやめたほうがいいでしょう。

似合う色を探すなら、このひと手間が、おしゃれに着られるかどうかの分かれ道。

雑に買ってはダメなんです。雑に買ってしまうから、雑なクロゼットになるのです。

ステップ3　**ステップ1と2をクリアしたアイテムを試着**

シルエットやディテールひとつにも、微妙な違いがあります。これぱかりは着てみなければ似合うかどうかはまったくわかりません。試着室で一着一着試すのがもっとも確実な方法です。とにかく試着。

最後に、もう一度、買い物をするときのジャッジ方法をまとめておきますね。

ステップ1　指先センサーで肌ざわりをチェック
ステップ2　顔近くにあてて色を確認
ステップ3　ステップ1と2をクリアしたアイテムを試着

エベレスト期の買い物は、体力と気力が必要なんです。だから元気のあるときに行ったほうがいいし、途中で疲れてやめても、そんなものだと気にしないことです。

試着して
くすむ
たるむ
やつれる
下がって見える
スッキリ
パッチリ目
明るい
上がってる
顔が
映える方が
マル。
頭部が小さく
顔も小さく
胸もとがスッキリ
首も長く
スッキリ
見えたら
マル。
もちろん
ヤセ見えの
方がマル。
大体こんな
ラインです
あれもこれもの
つまみ食いは
もう無理
自分のベーシックを
深くーしてゆく

バッグひとつで格上げ三年

私はバッグにはお金をかけてしまうことも。

そして三年間ほぼ毎日使います。


仕事にもプライベートにも、ときにはパーティでも、同じバッグを持っています。

予算はだいたい二十万円を目安に。

一年に三百日しか持たないとしても、三年持てば一日二百二十二円ちょっとです。

コンビニのコーヒー約二杯分の値段で、効果は絶大。荷物が多いときは、サブバッグとしてエコバッグをプラスします。

Tシャツにデニム、スニーカーなど、服がどんなにカジュアルでも、バッグがある程度高級感のあるものなら、着こなし全体が格上げされるんです。

服はファストファッションで補充しても、バッグは奮発。コスパのいいおしゃれサバイバル術です。

所有欲は時代遅れ!?

いま、所有することの意味が、変わってきていますよね。そろそろ私たちも、所有に対する認識を新たにしたほうがいいんじゃないかと思うんです。

音楽にしても、日本ではまだCDを買う人はいるけれど、世界的には配信が主流。しかも最近はいちいちダウンロードすらせずに、ストリーミングで聴くようになっていますよね。逆に、どうしても所有していたいと思う曲は一曲単位で即座に手に入ります。

いつでも持てるし、持たなくてもいい。だから、ものを持つということから、なんだか自由になった気がするんです。よりいろんなものにコネクトできるようになった。

若い人たちは、ファッションでもそうですよね。服をリースするのも抵抗がないし、何度か着たり使ったりして飽きたら、すぐにメルカリやヤフオクなどで売っています。

昔はいいものを何年も着ようと思っていたけれど、いまはアクの強い服も多いし、ものすごく高くて、手が出ないものも多いですよね。もし買い逃したとしても、似たようなものならまたすぐにあとから手に入ったりします。

私たちも、無理してでも何かを手に入れようというのではなく、「いつでも買えるんだ」と考えて、ゆったり構えてもいいかなと思います。

エベレスト期のおすすめブランド

カミングアウトしますが、実は私はケチでもあります。

なので、クリストフ・ルメールがデザインしているユニクロUが出てくれて、困ることがなくなりました。みなさんにもおすすめしたいです。

ほかのブランドもご紹介しますね。どれも、私自身が買っているブランドです。

ユニクロUと同じく、それほど高くなくておすすめなのはザラ（ZARA）とコス（COS）ともに当たりはずれは激しいのですが）。

槇村先生もお気に入りというブランドが、パリ風トラッドの雰囲気をもつ、ビューティフルピープル（beautiful people）。トレンチコートやライダースがおすすめです。ハイク（HYKE）は大人ミニマムさが魅力のブランド。カットソーやワンピースに注目しています。

ベーシックでモダンなエブール（ebure）は適度なコンサバ感でトップスやワンピースがいい。

クラス感のあるモダンなブランドとしては、アドーア（ADORE）。

メンズトラッドが基本のブランド、チノ（CINOH）はボトムがいい。ニットやコートもおすすめです。

ワンピースやスカートならアンスクリア（INSCRIRE）。

大人ライダースが人気のロゥタス（Rawtus）ならカットソーやワンピース。

インスタグラムで知ったロンドンのブランド、コグ　ザ　ビッグスモーク（COGTHE BIGSMOKE）もワンサイズですが、大人に似合うほど良いトレンド感で、体型カバージャージ素材で家で洗濯可能です。

これらのブランドに共通するのは、コスパのよさです。

ほかにバーニーズ　ニューヨーク（BARNEYS NEW YORK）とエストネーション（ESTNATION）などセレクトショップのオリジナルブランドもおすすめできます。機会があったら見てみてくださいね。

微妙なサイズ感の解決テクニック

エベレスト期に入ると、いっそう頭を悩ます問題が、サイズ感。

サイズ設定がブランドごとに異なるし、さらにデザインによってサイズ感が違ってきます。自分はMだと思っていたけれど、ものによってはLのほうがきれいにフィットしたり、同じMサイズでも身幅は合うけれど肩線が合わなかったり、部位ごとにフィット感が異なったり。

とにかく、「これはぴったりで自分のために作られたみたい」と思えるような服には、なかなか出会えませんよね。

そんなときにおすすめなのが、通販とファストファッションです。

ファストファッションのブランドはサイズが細かく分かれていることが多いので、少なくとも、〝だいたいぴったり〟程度のものが見つかる確率が高いんです。

お値段もそれほど高くありませんので、思いきっていろいろ試してみて、自分のサイズを見つけるのもひとつの方法です。

海外ブランドにぴったりサイズを求めるなら海外通販を狙うのも手。日本以上にサイズが豊富に揃(そろ)うので、キツい三十八よりジャストな四十が手に入ります。そんな時代なのです。

困ったときの原点回帰

私たち、おしゃれ歴は長いですよね。長いだけに、昔のことを忘れてしまっている人も多いと思います。好きなものを思い出すにしても、まずは自分の原点がどこにあるのかを知っておくといいですよ。

まずは自分のおしゃれ歴をずっと若いころまでさかのぼってみてください。学生時代や子どものころに、トラッドの洗礼を受けていませんか?

いまエベレスト期に差しかかっている世代の多くが、おしゃれに目覚め始めるころにトラッドを経験したはずです。私の場合はウルトラ・トラッドなコンサバ母の影響です。実はこのトラッド経験がいま役に立っていて、ミックスおしゃれが楽しめています。

どんな服を着ればよいかわからなくて困ったときに、この、おしゃれの原点ともいうべき、トラッドに立ち返ってみるんです。

するとあら不思議。意外とストレスを感じないおしゃれが楽しめます。

さらに、この原点から、自分がどうやって個性を獲得していったかをたどってみてください。きっと好きだったことが見えてくると思います。

私の場合？　もちろん、ロックです。

人生最後の「女っぽい」シリーズ

エベレスト期の私たちに、この先、女性ホルモンが自然に戻ってくることはまずありません（笑）。

もし女っぽい服をもう一度着たい、あるいは、いままで着たことがなかったけれど、人生に一度は着てみたい（笑）という人がいたら、最後のチャンスです！

着たいと思ったときに着たい服を着ましょう。未来なんてどうなるかわかりませんからね。

エベレスト期だからこそ、むやみにフェロモンが出すぎず、いい感じに枯れてスタイリッシュに着こなせる服でもあるんです。

たとえば、ダイアン フォン ファステンバーグのラップワンピースや、思いきりVゾーンの深いトップス、スリットが深く入ったタイトスカート……。これまでいまひとつ勇気が出なくて挑戦できなかったというあなたも、いまなら安心です。

私もちょうど髪が伸びてきているし、ものすごく久しぶりに、ちょっと色っぽい服を着てみるのもいいかも、なんて思っているところです。

こうやって自ら「女性」をつくり出していかなければならないのも、エベレスト期。女性の宿命なのかもしれません。

下見しとこうっ！
いつも衣裳さがしは悩みのタネ
chaco
コンニチハ
イメージにあうものは中々ないし
試着します
あっても……
「決まりスギ」は老けます
あらやだ
お似合いです！
うんそーだね
でもね
と、いうわけで「ド定番」はハズします。
「お衣裳」というより「服」が好き。
ラテンドレスもこれ位でカジュアルにして
「老けコンサバ」より「なぞの自分スタイル」が良い！
中年のツインニットはヤバイ

地曳いく子と行くイセタンツアー♡
おくれてごめんねーー
!!
!!よ
お茶してた
まり
編
大人だからさ
1F コス×
新しく出たシャネルのオードゥトワレットパリ・ドーヴィルの匂いをかいで
CHANEL PARIS
私のお気に入りは631番
私は18番
LE VERNIS CHANEL
ディープな赤、
かなり黒
ネイル選び
2F 靴うりば
OK すごく合う
NO キャラがちがいう
NO♡ 老けこむ
見守るのみ
もつべきものはオシャレ友達(辛口)…てかプロのスタイリストだって
いく子試着
ISETAN

ランチ！
分とく山
ビール！
㊦
もう？！
呉服階
これ好き
クレマチス柄
明るいブルー
色が
若すぎ
日舞とかフツーにやってた人たち
こっちは？
これぐらいの紺白バランスが欲しいの
白い方が似合う
白～～！！！
気はずかしいの～～～
笠仙さんの反物
3F
リ・スタイル
Restyle
どうどう
キャー
楽ちー
オシャレすぎて見るのみ…

そーだ
私、いっつもオールインワンさがしているんだけど……
こういうの？
サッ
え
リスタイルの試着室は広いし快適だしサイコー!!
そうそう
身ごろを1センチつめて上げるといいよ
コレコレ
すごい細見え
シルクだけど洗える
あまりに速い買い物
ありがとうございました
あー楽しかった
お茶して帰ろー
こ〜〜〜
ら〜〜〜
編
肝心の大人の女コーナーがまだですよ
しまった!!
4F コンテンポラリースタイル
お高めな階です
INCOTEX
でもカットがバツグンで基本服におすすめ「インコテックス」
キラキラ
「イリエウォッシュ」の緑色のスパンコールニット
カメレオンみたい

ねえ
何かへんじゃない？
地味？
こんなにギラギラなのに
アーハハ
ただのギラギラなおばはんになってる！
ガーン
若い頃だったら「カッコイイ」だったのが
ただの…
IRIE WASH
七分そでツルッとした素材ヒザ下丈のワンピ
袖のラインが今っぽいあと丈も良い。欲しい！
ココがミソ→
ずうっとおしゃべりしながらショッピング
夢のようなひとときでした♡

ベーシックアイテムもハーフ&ハーフ法則

トラッドを通ってきた私たちはベーシックアイテムの着こなしに慣れていますよね。

とはいえ、全身ベーシックアイテムで素敵に着こなせるのは、ピラティスやヨガなどで体をいつも整えている場合にかぎります。そういう方にはぜひ挑戦してほしいと思います。

コンプレックスがある場合は、ディフェンスとしての流行アイテムを取り入れてハーフ&ハーフに着こなす方法をご紹介しましたよね。

実は、もうひとつ、ハーフ&ハーフの法則を使える着こなしがあります。

好きなものをプラスする場合にも、ベーシックアイテムに組み合わせるといいんです。たとえば花柄やフリルなど、ロマンティックなものが好きなら、トップスはシンプルなニットやカットソーにして、スカートに花柄を選んでみるとか。

いまは、ベーシックアイテムのなかにも、着丈に前後差があったり、わずかにアシンメトリーになっていたり、異素材ミックスだったりと、ちょっとしたデザインの工夫があるものが増えています。トレンドものや好きなものを組み合わせるのに抵抗がある場合は、上下どちらかに、ちょっとデザインが入ったアイテムをチョイスしてください。

それから、足もとをスニーカーにするテクも、もちろん使えます。

完成しすぎは老け見えのもと

もしベーシックアイテムで全身着こなしたいなら、とっても重要なポイントがあります。

完成させすぎないことです。

あまりに決めすぎて、ウルトラ・コンサバになってしまうと、老け見えしてしまいます。

私がまだ三十代、仕事でよくパリに行っていたときのこと。自分の買い物のときに勢い込んで、私の原点でもある、完璧なコンサバスタイルの組み合わせを選んでしまったんです。

試着室から出て、店員から言われたのが、「セ・トレ・シック・メ・トロ・マダム(C'est très chic, mais trop madame. フランス語で、とてもシックだけれどマダム風に見えすぎる)」。フランスでも、決めすぎると老けて見えるということなんですね。もっとも無難なのは、足もとをカジュアルにすること。ここでもやっぱり、スニーカーが活躍します。

ちなみに、間違ってヘアメイクを手抜きしすぎてはダメですよ。ヘアメイクはほどほどにこぎれいにすること。清潔感を出すことが大切なんです。

あきらめる代わりに得るもの

〈草笛光子さんに学べ・その2〉

PART1でもご紹介した草笛光子さんですが、おしゃれについても、学ぶところがたくさんあります。

たとえば、堂々と白髪で勝負しているところ。

白髪だからこそ似合う服をよくご存じで、白髪が自然に着こなしになじむ、絶妙なスタイルを貫いていらっしゃいます。

私たちも、白髪に悩んでいる人は多いですよね。髪を染めても、伸びると生え際がどうしても白髪になります。それがストレスになることも。いますぐとは言いませんが、草笛光子さんを見習って、エベレスト期を越えたところに、髪の色への執着を捨てて、あるがままの自然な色でおしゃれを楽しむのも素敵ですよね。

草笛光子さんはチャレンジャーでもあります。

写真集でも紹介されていますが、ユニクロも取り入れているといいます。ただ、先輩ならではの違いは、ユニクロに、世界にひとつしかないアイテムを組み合わせていること。何十年も前のハイブランドの服や、彼女の先輩からいただいた服をいまも大切にしていて、そうした服とコーディネートしているんです。

あがいても仕方のないことはすっぱりあきらめもするけれど、思い出の服はいつまでも大切に手もとに置き、新しいことにも恐れずにチャレンジする——その**取捨選択の潔さだけでなく、正確さも学びたいところ。**

草笛光子さんだけでなく、ニューヨークのストリートで人生の先輩たちの着こなしを撮影したスナップ写真集が話題になるなど、いま、あちこちで先輩世代が注目を浴びています。

私たちも、もはやその先輩世代の年齢に差しかかりつつあります。そのとき、素敵な先輩と言われるように、生きていきたいものです。

いく子の隠し球❶ プチプラコスメと赤いリップ

最後に、エベレスト期の私たちがいますぐ使える、とっておきの隠し球をご紹介しておきたいと思います。

ちょっといまふうのメイクをしたい。そんなときに私が使うのは、話題のデジャヴュのアイライナー、ラスティンファイン a クリームペンシル。プチプラなのに優秀なんです。楕円形(だえんけい)のクリームタイプのペンシルで一日じゅう落ちない。ニュアンスのある色みが揃っていて、私は気分によって使い分けています。まつ毛とまつ毛をつなぐように描くのがコツ。

ブランエトワールのハマダ・マスカラも手放せません。軽くてダマにならず、お湯で簡単にオフできます。マスカラは片目最低二十回は塗ってくださいね。まつ毛が少なくなってきている私たちにとって最初の五回は土台と考えてください。

それからPART1でもご紹介した、赤いリップ。山本浩未さんからトークショーで聞いたテクなんですが、赤いリップはつけっぱなし禁止。塗ってはティッシュで押さえる、を二〜三回繰り返すと、びっくりするほど色がなじむんです（これは母たちもやってましたね）。

このとき、若い人のようにツヤのある赤をつけるとリップだけ浮いてしまうので、マットな質感のものを選びましょう。真っ赤でなくても、ちょっと赤みのある色にするだけで、気分を上げてくれます。

このときのポイントは、眉をきちんと描くこと。気持ちを引き締めてくれるだけでなく、リップの赤みが浮いて見えないようにする効果もあります。

いく子の隠し球❷ 黒か紺か見分ける秘策

私たち世代に欠かせない紺ですが、ダークネイビーになると、悲しいかな（笑）、光の加減によっては、黒と区別がつきませんよね。

スタイリストという仕事柄、どちらかわからないではすまされないので、私は必ず、黒いものを持ち歩いています。紺か黒かわからないときには、それと比べます。

結果は一目瞭然。

自分の買い物をするときにも、この作戦は功を奏しています。

いく子の隠し球❸ 捨てるくらいならのスニーカー手入れ術

黒ずんできたスニーカーは、どうしていますか？

私は洗濯機で洗います。

昔は手で洗っていましたが、モデルにすすめられて洗濯機で洗ってみたら、すっかりきれいになりました。以来、汚れるとすぐに洗濯機を使っています。

ただ、普通に洗うとガラガラとうるさいのが玉にキズ。うちの洗濯機は縦型なので、水を多めにためてからネットに入れて洗うようにしています。

私はレザースニーカーも洗濯機洗い。

でも、これはあくまで個人的な手入れ法なので、「もうそろそろ捨てようかな」と思っているスニーカーがあったら、捨てる前に、一度試してみたらいかがでしょうか。

ルーチンのメイクは忘れて
辛口メイクで
こういうぺったりメイクは野暮でやんス
若っぽいヘアスタイルももうムリなの毛質が…
今さら媚びる相手もいないし
肌の質感毛の生命力血色で乗りきる！
アディクションティントリッププロテクター007
ヴィセ・カラージェルライナーインパクトネイビー
ADDICTION
アディクションパーフェクトモバイルタッチアップ（コンシーラー）
M・A・Cリップスティックディーバ（マット赤）
クラランスリップバームパーフェクター06
強い味方♡

エピローグ
クズBBAですが、それが何か？
さとるの場合
運動はマスト
ヨガ歴長い人
ヨガに時々戻ってハマる人
バレエはなるべく長く続けたい。
いろいろやって来た人にこそオススメ♡
かかと重心で立つと全身まっすぐ軽く細くなる
「ゼロトレ」石村友見 サンマーク出版
ゼロトレ
石村友見
美しいボディへの思いこみを正します。
「読むボディメーキング」和久井拓 光文社
読むボディメーキング
「友だち幻想」菅野仁 ちくまプリマー新書
友だち幻想
菅野仁
人間関係もスッキリ
ウーマン 下村一喜 集英社
ウーマン
下村一喜

意識してタンパク質をたくさん摂ります。
よい油もね。油抜くと肌がパサパサするし。
小麦粉ものや糖質は食事の最後にほどほどに
時々
ジャンク食い
ポテトチップス
のりしお
服に関しては大人になれる気なんか全然しない
つまりコントロールできない
衝動的だしがまんも利かぬ
クズBBA
なんでこれ買った?!
まあいいか

クズBBAになってよかったと思うコト。

だれと助けあってもよいし
信頼しあってもよいし
感動させあっても
尊敬しあっても
よいのです。

愛するということの
主体となって
好きを表現しましょう。
そういう恥も外聞もない
オバカさわやかなババアに
なりたいのです。

ぬり〜…
どっ？
ナイス
かこみアイメイクの色は黒だけだと沈むのでブラウンやパープルを使ってます
メイク Sada Ito さん
リップはディープな赤
私もやりたい
今日はいく子のバースデイパーティー 魔界のようなクラブで魔女のようないく子59歳!!
む…胸がたわわすぎっ

このほぼ60歳のふたり。笑。
いく子セレクトオールインワン
70s～80's ディスコサウンドで踊りまくり
いく子ちゃん踊れるクチだったのねうれしいわ♡
ZARAドレス これ着るため2kgおとした
To be continued...

追加対談

さとる×いく子のアラカンの原則

アラカンの原則その1　やれるときに、やれることを、やっておく

地曳　皆さまのおかげで、この『ババアはツラいよ！　55歳からの「人生エベレスト期」サバイバルBOOK』もお求めやすい文庫版になりました。ありがとうございます！

槇村　ありがとうございます！

地曳　この三年で、いろいろありましたよね。私も還暦を迎えたし。

槇村　コロナ禍で世の中の状況も変わったし。

地曳　だから、いきなり結論みたいになっちゃうんですけど、やっぱり、**やれるときにやれることをやっておかないと、「人生、明日はわからないぞ」って。**私たちを取り巻く環境の変化も理由だけれど、結局、五十歳、六十歳は人生の節目だからなんです。**「年齢なんてナンバーよ」と言えるのは四十代まで。**五十歳以上は、その年齢になってみないとわからない（笑）。

槇村　で、五十五歳ごろに、こう思いがちなんだよね。**陸上競技のリレーでいったら、最後のカーブに入る前が四十代で、カーブが五十代。カーブを抜けたらもう六十代。あとは直線でそのままゴールか……って。**

地曳　そうそう、五十五歳は「人生のエベレスト期」だから。五十歳くらいまではまだ四十代の気持ちを引きずっているけれど、**五十五歳ともなれば、四捨五入すると六十で、**自分の気持ちをごまかせなくなっちゃう。

槇村　漠然と不安がっておびえているという状態じゃないよね。**もう、沼に放り込まれて、さて、どうやってどこへ泳いだらいいのという感じ。**

地曳　**五十歳ぐらいまでは、まだ若いという気持ちのストックがあるからいいんです**

よね。で、五十五歳でエベレストの登頂成功！　と旗を立てて。ところがそこで気付くんです。あれ？　あとは下るだけ？（笑）

槙村　**実は下山のほうが難しい。**

地曳　そう、まさにそこをこの本で追求したわけです。**でも今考えてみると、コロナ禍前だったから、やろうと思えばもっと何でもできたんですよね。**私は体力的にも気力的にも落ちていたけれど、行動の制限はなかった。だから、自分で何か規則を作っていたのかなって。怖じ気づいていたのかなって、今考えると思うんです。

槙村　そうね。年齢の圧迫感とかで、もうできないんじゃないかって思い込んでいたかもね。

地曳　結局、**自分で自分を縛ってはだめなんです。やれるときにやる。もう何でも。服も、着られるときに着ておかなきゃ。**年がいがないって言われるのは、幸せなことだなって思って。特に五十代って、まだいろいろな服を着られるし。ですよね？

槙村　**五十代は、いちばん着られると思う。試着する元気もあるしね（笑）。**今から振り返ると、まあ、元気いっぱいとはとても言えないけど、元気がたくさんあったよね。

地曳　体力も落ちるし、女性ホルモンも減っちゃって、お肌がかさかさして、骨粗鬆症の心配も始まるお年頃だけど、それでも、五十五歳でそんなこと言っているのはまだ甘いわねって（笑）。

槇村　還暦前まではまだまだいろいろできるから、あのときにもうちょっとやっていてもよかったね。まあ、十分やっちゃっていたけどね、あのころも。私たちは（笑）。

地曳　あのころはまだぎりぎり「何とかであるべき」というルールが残っていて、年相応の格好をしなきゃとか、世間の目を気にしている人も多かった。でもね、今回のコロナ禍で世間のルールと一緒に、そこらへんも崩壊しちゃった気がするんですよ。**さらに時代が変わっちゃったなと思うんです**。だから逆に、この本を今読み返すとおもしろいなと。コロナ禍前だったのに、何か今の感じを予告してもいるような。で、読み返しながら「やっちゃえ、やっちゃえ、もっともっと！」って（笑）。

アラカンの原則その2　自分軸を持つ！

槇村　やっちゃえというか、今はやっちゃうどころか、もう闘う壁がなくなっちゃっているというか、崩れちゃってる？

地曳　たしかに。壁のほうが勝手に崩壊したところですよね。

槇村　もう外ではルールを強固につくってくれなくなったんだと思うのよ。

地曳　**もう一カ月コーディネートなんてちゃんちゃらおかしいですよね。**私たちが言うまでもなく。毎日は出かけないし、そんなふうに浮かれていたら怒られちゃう。

槇村　今みんな、そこで悩んでいるんじゃない？　もうそういうようすががなくなって。

地曳　外のルールがあったほうが簡単ですからね。何歳までに買うべきものとか持つべきものとか、そっちのほうがラクでしたよね。

槇村　その点、私もいく子ちゃんも、**外のルールに合わせて生きているわけではなかったから、**それがよかったよね。

地曳　**あるのは自分軸だけ（笑）。**日本の女性はファッションのルールで生きてきた人が多いから、今この本を読んで「あっ、こんなに自分勝手に生きてるババアたちがいるんだ」って思っていただければいいなと。

槇村　うん。そう思ってほしい。でも、誰かに頼ってみたいとも言ってたよね。

地曳　ハワイの大金持ちをつかまえて腹上死させるのが夢だったんですけど（笑）。

槇村　かなわず（笑）。

地曳　だって、コロナ禍で行けないですからね。

槇村　**やっぱり自分軸で生きるしかない。**

地曳　これから年が変わったらそういうこともできるようになるかもしれないけど、きっと神様に「いや、ちょっと待て、いく子。はやまるな。おじいさんをだましに行くんじゃないよ」って言われたのかもね（笑）。

槇村　かもね。じゃあ仕方がない。それで……。

地曳　そう。**ますます自分軸で生きるしかなくなりました！（笑）**

アラカンの原則その3　アラカンを楽しむ！

地曳　この本を手に取っていただいた方の中には五十歳ぐらいとか五十五歳ぐらいの方も多いと思うんですけど、そのときだからこそできる、ちょっと元気なことというのも入っています。

槇村　今はいろいろな制限があって難しいかもしれないけれど、解禁になったら試してほしいよね。**アラカンはまだまだ楽しいから。**

地曳　まだ女性ホルモンの残り火みたいなのも灯っているし。

槇村　世界から色が全部消えたとかいう瞬間はまだないね。

地曳　ないない。この年代の方へのアドバイスは、自分で老け込まないようにということ。「ほら、私はもう年だから」なんてまだまだ早い。**「年」というのは、何にもないところでつまずいたりすることなんです。**

槇村　そうね。否応（いやおう）なくそういうのは来ちゃうからね。

地曳　**階段とかトイレの手すりがありがたいと思うときが来ちゃうんです。**なので、アラカン、まだまだいけるぜという、私たちのアラカンの思い出の本ですよね、これ。

槇村　うんうん。いけるうちにいっとけみたいなね。

地曳　もちろん実際のところはツラいんだけど、**ツラいのはあなただけじゃなくて、みんなツラいよっていう本でもありますよね。**いきなり私のツラいから始まりますからね。「マッキー、聞いてよ」から始まりますから。

槇村　そうだよね。「何がツラいって、体からきちゃうしね」みたいな、そういう話だよね。

地曳　トークショーやウェブのお悩み相談でも「私だけこんなにツラい」とか「こんなふうにツラいと思っているのはおかしいでしょうか」といったものが多いんですけど、いやいやいやいや、私もそうだからと。**人生のいろいろなお片づけ問題にしても、お片づけしたらそれで終わりじゃないんですよね。人間、生きているかぎり、ずっとお片づけしなきゃいけないんです。**だからこの本を読んで「何ばかやってんの」って笑っていただけるのがいちばんうれしい。

槇村　うん、うれしい。それが狙いだったのよね、本当。大丈夫、こんな私たちだって、生きているからって。

地曳　そうそう。こんな立派な私を見てじゃなくて、こんなしようもないやつでもまだしぶとく生きていますよというのが、この本のいちばんのポイントです。五十五歳になったらエベレストの山頂から見る景色を謳歌（おうか）して、山を下るときにも楽しみながら。**登るときって果てが見えないけど、帰り道ってたいてい早く感じるから……。**

槇村　そっか、帰り道なんだ。何かすごくわかる。**帰り道も楽しい遊びを探しながら帰ろうということだよね。**

地曳　今、人生百年だから、きっとアラカンぐらいが頂点なんです。あとは私たち、ドングリ拾ったりして帰るんですよね。

槇村　そうそう。野イチゴとか見つけたりして、食べながら帰るの。それを、老けて小さく縮まって、「乾いていく」って感じながら行くのか、「あっ、また新しいイチゴが今年見られた」って楽しむのか。気持ちをどういうふうに立てていくかみたいなことだと思うんだよね。**アラカンは、自分にとって元気が出ることを探し始めるお年頃**

というか。

地曳　だから、やれることを躊躇(ちゅうちょ)せず探して、やっちゃう。そうすると、七十歳でもできるかもしれない。諦めないことですよね。

槇村　うん。諦めないこと。私の場合、その帰り道に入ったころ、サイズ感がすごく小さくなってきたのね。当然だけどね、年のせいもあるから。責任取れる範囲というのが決まってきちゃっていて、付き合う人にしても、自分が出すものにしても。

地曳　**己を知るというか、キャパを知るってことですよね。**知っちゃうわけですよ、たいてい、エベレスト途中ぐらいで。そうすると、**やっぱりそんなに持てないなとか、そんなに食べられないないなとか、そこまでは行けないいなとか。**そのキャパの中で何ができるか、何が好きかを考え出すのが、このエベレスト期なのかなと思います。

槇村　外からの縛りじゃなくて、自分でここまでとだいたい決めて、そこを何色で塗っていくかとか、そういう話ね。いまはつらいかもしれないけれど、みんなそうだし、**この先何十年も帰り道が残っているんだから、エベレスト期の方には、それを自分でできるだけコントロールして、好きな方面に下りていってほしい。**新しい目標を立てて生きてほしいです。

地曳　で、エベレスト期で目標が何となくでも定まったら、さらにこの次の愛とHAPPYを求めるシリーズ第三弾の話に入っていくわけです。だから、もしできましたら続けて読んでほしいですよね！（笑）

槇村　読んでほしい！（笑）

地曳　皆さま、ここまで読んでくださってありがとうございました。マッキーこれからもよろしくね。ラブ。

文庫版あとがきにかえて
＋HAPPYの作り方

「ババアはツラいよ！」、五十歳を過ぎて人生を折り返した私たち。まるでエベレスト登山をして、頂点を極めたものの、「ヒエー！　上りもきつかったけど下山もきつい！」という人生。人間生まれたからには誰もが通る道ですが、さらに**BBA特有の哀愁も重なり、私ですらキツイ！**　その厳しい時期の対策を槇村先生と語り合ったのが本書。

本書の単行本を出したときから、予期せぬコロナ禍に世界中が陥り、世界中がツラい時代に突入しました。

さらに月日が流れ、「もう、楽しいことって何？　なんだったか忘れてしまいそうなんだけど」とか言いながらも無理やり新しい時代に慣れてきてしまいました。**もう、諦めにも似た開き直りの日々です。**

でも、ツラいツラいとばかり言ってもいられません。この本でも「人生のエベレスト期」の乗り越え方について書いていますが、さらに近頃私が実践している毎日できる「小さなＨＡＰＰＹ増進法」をいくつか紹介します。

①深呼吸する。

焦っているとき、私は心身ともにツラいときには呼吸が浅くなっていることが多いようです。私の場合、アップルウォッチが定期的に深呼吸の時間を教えてくれますが、**ほんの一分間深呼吸を繰り返すだけでだいぶ気分がよくなります。**それでなくても二重マスクの日々ですし。暗い気持ちになり、追い込まれると呼吸をすることさえ忘れてしまうようです。呼吸が浅くなると脳にも十分な酸素が供給されず、よい考えなど浮かびません（あくまでも私の場合ですが）。**とにかく、呼吸！　鼻から吸って鼻か**

ら出す。深くて長い呼吸をしてみましょう。さらなるアドバンス編として瞑想（めいそう）もあります。

②嫌なことがあったら玄関から浴室に直行。

頭からシャワーを浴びる。嫌な気持ちを洗い流す。体が疲れていたらぬるめのお風呂に入り早く寝てしまう。入浴剤をちょっと贅沢（ぜいたく）なものにしてもよいですね。

③アロマやお香を焚（た）く。

私は気分がスッキリするローズマリーやミント、セージのアロマを焚いたり、水を入れたスプレーボトルにアロマオイルを数滴垂らして室内やベッドにスプレーします。すごく落ち込んだときは聖なる木と言われているパロサントのお香を焚いたりします。**鼻から入った香りの刺激はすぐに脳に到達するらしくかなり気分が上がります。**化学的な香りではなく天然の香りをお勧めします。

④すべてを投げ出しマッサージに行っちゃう。

これも、体や頭に血を巡らせるためにかなり有効な手段です。血液とともに酸素も巡ります。**感染対策がしっかりした相性のよいセラピストに巡り会うのは親友に出会うくらいラッキーなこと**ですけれど。探してみる価値はあります。

⑤気の合う友人と話す。

直接会えれば一番よいですが、忙しくてなかなか会えなくても電話で十分くらい話すとかラインで軽くチャットするとかそんなことでよいのです。**「気が合う人」は文字通り、気、バイブレーションが合う人。ちょっと話すだけでも気持ちが軽くなり、問題も解決したりします。**反対にツラいときには、仕事などしょうがない場合を除き、気が合わない人は遠ざけましょう。余計にツラくなっちゃいますからね（笑）。

⑥捨てまくる。

今までイマイチだけど、なんだか勿体（もったい）ないと思って処分できなかった服や物（食器を含む）を処分しまくる。**それらのものはツラさに繋がるマイナス要素です。**トイレや台所、冷蔵庫の掃除も効果的です。神社でお祓いを受ける感覚で処分し、掃除しまくりましょう。

⑦花をいける。

私のインスタ（@ikukoluv）でもよくお花の写真をあげていますが、**花って最高の無駄だけれど、最高の贅沢**だと思います。特に殺伐とした気分のときには「花」です。見ているだけかなり気分が上がります。スーパーで売っている五百円くらいの花をIKEAの三百円くらいの花瓶かペットボトルの上を切ったものにいけただけで十分です。

⑧感謝の気持ちを忘れない。

最後に一番大事なことを。

それは、感謝の気持ちを忘れないってことです。私がよい状態にないとき、たいがい、感謝の気持ちをおざなりにしているときです。毎日の健康や食事など、いろいろなことに感謝して過ごす。簡単そうですが、疲れ切っていたり、ツイていないときなど、つい感謝ではなく、愚痴や妬みの気持ちになります。私もつい先日までそうでした。このあとがきを依頼され執筆に取り掛かるにあたり、改めて日々の生活を見直し感謝して過ごすようにしました。ちょっとだけ晴れ晴れとした気分です。

スマイルゼロ円、感謝の気持ちゼロ円です。

ぜひ、みなさんもお試しください。

以上、「そんな普通のことを言われてもね」と苦笑いされそうですが、**普通のことが普通にできない、忘れてしまうのが「人生のエベレスト期」です。**

HAPPYな気持ちの反対ってなんでしょう? 同じ状況でも鬱な気持ちになってしまう。それは**疲れてしまって今までの自分の生活をサボってしまう部分が出てくるから**だと思います。

普通のことができるようになってから気分を上げるおしゃれなどに取り掛かるとよいと思います。たとえば、履き潰したスニーカー、白のアディダススタンスミスを買い換えるとか、ネイルサロンに行って明るい色のネイルを塗るとか。

槇村さとる先生と楽しく続けてきたババアシリーズですが、第一弾『ババア上等！』、第二弾『ババアはツラいよ！』が続けて文庫化され、うれしい気持ちとともにすごく驚いています。

これもひとえに、私を支えてくださった読者の皆さんと編集の方々のおかげです。

本当にありがとうございます。

シリーズ一作目『ババア上等！』はBBAとして開き直るための心得。二作目の本書は嘆き、そしてその対処法と、槇村先生と私のババアとして生きていく過程を楽しんでいただけると思います。

そして、第三弾『ババアに足りないのは愛！　＋60からのHappyおしゃれBO

ＯＫ』（集英社学芸書単行本）も発売されました。ＨＡＰＰＹ増殖法の続きは、ぜひこちらで！

ＢＢＡからＯＢ－３（おばーさん）へ変身する一歩手前の槇村先生と私の冒険譚は**まだまだ続きます。**

お楽しみに！

出口のないトンネルはないし。夜明けの来ない夜はありません。

皆さん一緒に乗り切りましょう。

すべての方々に愛を込めて。

二〇二一年八月

地曳いく子

本書は、二〇一八年八月、書き下ろし単行本として集英社より刊行された『ババアはつらいよ　アラカン・サバイバルＢＯＯＫ』を文庫化にあたり、『ババアはツラいよ！　55歳からの「人生エベレスト期」サバイバルＢＯＯＫ』と改題したものです。

本文デザイン／アルビレオ

地曳いく子
槇村さとるの本

ババア上等！

大人のおしゃれDO! & DON'T!

「キツい、重い、かたい」に堪えられなくなったら、それは「おしゃれ更年期」――。スタイリストと漫画家の二人がその突破法を痛快指南！

集英社文庫

集英社文庫　目録（日本文学）

篠田節子　インコは戻ってきたか
篠田節子　百年の恋
篠田節子　聖域
篠田節子　コミュニティ
篠田節子　アクアリウム
篠田節子　家鳴り
篠田節子　廃院のミカエル
篠田節子　弥勒
篠田節子　鏡の背面
司馬遼太郎　歴史と小説
司馬遼太郎　手掘り日本史
柴田錬三郎　柴錬水滸伝 われら梁山泊の好漢(一)(二)(三)
柴田錬三郎　英雄三国志一 義軍立つ
柴田錬三郎　英雄三国志二 覇者の命運
柴田錬三郎　英雄三国志三 三国鼎立
柴田錬三郎　英雄三国志四 出師の表

柴田錬三郎　英雄三国志五 攻防五丈原
柴田錬三郎　英雄三国志六 夢の終焉
柴田錬三郎　われら九人の戦鬼(上)(下)
柴田錬三郎　新篇 眠狂四郎京洛勝負帖
柴田錬三郎　新編 剣豪小説集 梅一枝
柴田錬三郎　徳川三国志
柴田錬三郎　新編 武将小説集 男たちの戦国
柴田錬三郎　柴錬の「大江戸」時代小説短編集 花は桜木
柴田錬三郎　チャンスは三度ある
柴田錬三郎　眠狂四郎異端状
柴田錬三郎　貧乏同心御用帳
柴田錬三郎　御家人斬九郎
柴田錬三郎　真田十勇士(一) 運命の星が生れた
柴田錬三郎　真田十勇士(二) 烈風は凶雲を呼んだ
柴田錬三郎　真田十勇士(三) ああ！ 輝け真田六連銭
柴田錬三郎　眠狂四郎孤剣五十三次(上)(下)

柴田錬三郎　眠狂四郎独歩行(上)(下)
柴田錬三郎　眠狂四郎殺法帖(上)(下)
柴田錬三郎　眠狂四郎虚無日誌(上)(下)
柴田錬三郎　眠狂四郎無情控(上)(下)
地曳いく子　50歳、おしゃれ元年。
地曳いく子 槇村さとる　ババア上等！ 大人のおしゃれDO! & DON'T!
地曳いく子　若見えの呪い
地曳いく子 槇村さとる　ババアはツラいよ！ 55歳からの「人生エベレスト期」サバイバルBOOK
島尾敏雄　島の果て
島崎今日子　安井かずみがいた時代
島崎藤村　初恋―島崎藤村詩集
島田明宏　ダービーパラドックス
島田明宏　キリングファーム
島田明宏　ジョッキーズ・ハイ
島田明宏　絆 走れ奇跡の子馬
島田明宏　ノン・サラブレッド

集英社文庫

ババアはツライよ！ 55歳からの「人生エベレスト期」サバイバルBOOK

2021年9月25日 第1刷
2021年10月12日 第2刷

定価はカバーに表示してあります。

著 者 地曳いく子
槇村さとる

発行者 徳永 真

発行所 株式会社 集英社
東京都千代田区一ツ橋2-5-10 〒101-8050
電話 【編集部】03-3230-6095
【読者係】03-3230-6080
【販売部】03-3230-6393（書店専用）

印 刷 凸版印刷株式会社

製 本 凸版印刷株式会社

フォーマットデザイン アリヤマデザインストア　マークデザイン 居山浩二

ISBN978-4-08-744297-7 C0195